어쩌다
세계문학

만화로 읽는 22가지 세계문학 교양상식
어쩌다 세계문학

초판 발행 · 2025년 3월 25일

지은이 · 임지이
기획 · 노돌
발행인 · 이종원
발행처 · (주)도서출판 길벗
브랜드 · 더퀘스트
출판사 등록일 · 1990년 12월 24일
주소 · 서울시 마포구 월드컵로 10길 56 (서교동)
대표전화 · 02)332-0931 | **팩스** · 02)323-0586
홈페이지 · www.gilbut.co.kr | **이메일** · gilbut@gilbut.co.kr

기획 및 책임편집 · 박윤조(joecool@gilbut.co.kr) | **편집** · 안아람, 이민주
마케팅 · 정경원, 김선영, 정지연, 이지원, 이지현 | **유통혁신** · 한준희
제작 · 이준호, 손일순, 이진혁 | **영업관리** · 김명자, 심선숙 | **독자지원** · 윤정아

표지 및 본문 디자인 · 신병근 | **인쇄 및 제본** · 예림인쇄

· 더퀘스트는 ㈜도서출판 길벗의 인문교양·비즈니스 단행본 브랜드입니다.
· 이 책은 저작권법의 보호를 받는 저작물로 이 책에 실린 모든 내용, 디자인, 이미지, 편집 구성은
  허락 없이 복제하거나 다른 매체에 옮겨 실을 수 없습니다.
· 인공지능(AI) 기술 또는 시스템을 훈련하기 위해 이 책의 전체 내용은 물론 일부 문장도 사용하는 것을 금지합니다.
· 잘못 만든 책은 구입한 서점에서 바꿔 드립니다.

© 임지이, 2025

ISBN 979-11-407-1281-6 03800
(길벗 도서번호 040300)

정가 19,800원

독자의 1초까지 아껴주는 정성 길벗출판사

(주)도서출판 길벗 | IT단행본, 성인어학, 교과서, 수험서, 경제경영, 교양, 자녀교육, 취미실용 www.gilbut.co.kr
길벗스쿨 | 국어학습, 수학학습, 주니어학습, 어린이단행본, 학습단행본 www.gilbutschool.co.kr

인스타그램 · thequest_book | 페이스북 · thequestzigi | 네이버포스트 · thequestbook

프롤로그 7

1 한강 노벨문학상 수상 비하인드 스토리 17

2 프랑켄슈타인과 뱀파이어의 밤 32

3 미래를 내다보는 진짜 힘은 어디에서 오는가? 46

4 마른오징어 게임 최종 라운드 61

5 책이 내린 사형선고 75

6 책벌레 이야기 93

7 중세의 불가사의한 책들 108

8 작가가 되기 전 우리는 무얼 했나? 123

9 명작은 뜻밖의 장소에서 태어난다 137

10 무덤에서 부활한 책과 작가 151

11 금서가 던지는 질문 166

12 돈을 좇은 작가 VS. 돈을 불태운 작가 180

13 로맹 가리는 왜 공쿠르상을 두 번이나 받았을까? 197

14 노벨문학상의 흑역사 보고서 214

15 어처구니없이 죽은 작가들 235

16 의문스럽게 죽은 작가들 253

17 죽느냐 쓰느냐, 그것이 문제로다 271

18 왕오천축국전의 파란만장한 운명 287

19 아니, 그 작가가 스파이였다고? 300

20 전쟁의 불길 속에서 탄생한 작품들 319

21 이 책을 읽으면 죽는다 334

22 유명한 신조어를 탄생시킨 책들 351

프롤로그

2021년 가을, 전 세계를 뒤흔든 넷플릭스 시리즈 <오징어 게임>도 그렇다.

뒷벽이 스포일러?

<오징어 게임>에서 참가자들은 다음 게임이 무엇인지 알아내기 위해 혈안이 되었다.

다음 게임이 무엇인지 알았더라면 456번 남자 주인공이 두 번째 게임에서 그토록 애처로운 상황에 내몰리진 않았을 것이다.

> 그렇게 드러난 벽면에는 참가자들이 그토록 알고 싶어 했던 게임에 대한 정보가 그림으로 고스란히 그려져 있었던 것이다.

↑징검다리 건너기 ↑오징어 게임 ↑무궁화꽃이 피었습니다 ↑뽑기 ↑줄다리기 ↑구슬치기

> 벽의 그림은 처음부터 있었지만, 서로 죽이고 죽이느라 정신이 없어 참가자들은 끝내 그 그림들을 알아채지 못했다.

ㅋㅋㅋ

에펠탑, 하마터면 가루가 될 뻔?

> 1940년, 아돌프 히틀러는 속전속결로 프랑스를 점령하고

그해 6월, 파리의 에펠탑을 배경으로 프랑스인들에게는 무척이나 치욕적인 사진을 남긴다.

하지만 불행 중 다행인지 파리를 손에 넣은 히틀러는 에펠탑을 부수지 않고 그대로 두었다.

저렇게 위대한 유산은 잘 보존해야지. 막 부수고 파괴하면 쓰나? 나도 예술을 아는 사람이야.

교양인~

그러나 1944년, 연합군이 파죽지세로 파리를 향해 진군하자 히틀러는 콜티츠 장군에게 파리를 잿더미로 만들라고 명령하고

점령군 사령관, 파리를 불태워 버려. 물론 에펠탑 포함!

어휴, 열받아

당시 점령군 사령관이었던 콜티츠 장군은 히틀러의 명령에 복종하는 듯했다.

하지만 그의 속마음은 달랐다. 콜티츠 장군은 고민을 거듭하다 결국 히틀러의 명령에 따르지 않았다.

우리가 지금도 에펠탑을 볼 수 있는 건 역사에 이러한 뒷이야기가 있기 때문이다.

우리는 이런 뒷이야기를 통해 뜻밖의 진실을 만날 수 있고 작품이나 사건을 더 잘 이해할 수 있다.

대부분의 사람이 한 번쯤은 들어봤을 소설 『프랑켄슈타인』

책도 뒷이야기가 재미있다

메리 셸리가 19살에 쓴 과학소설의 고전

프랑켄슈타인: 또는 현대의 프로메테우스
(Frankenstein: Or the Modern Prometheus)

이 소설의 탄생에는 전 지구적인 규모의 엄청난 대사건이 개입했으며, 그 사건은 지금도 우리 지구인의 삶에 영향을 끼치고 있다.

무슨 일이 있었던 건가요?

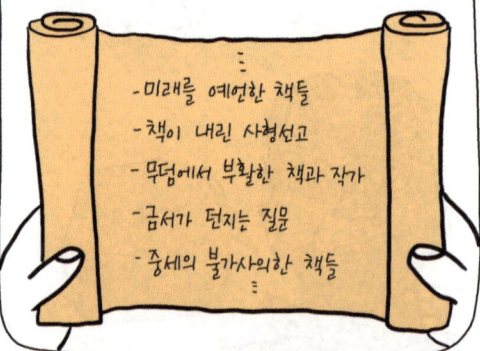

한강 노벨문학상 수상 비하인드 스토리

한 단어가 불러온 비극

1945년 8월, 세계 역사에 남을 비극적인 사건이 지구상에 발생한다.

> 1945년 8월이라… 왠지 알 것 같기도 하고… 역사에 좀 약한 편이라…

주절주절

그 사건이란 바로, 미국의 일본 히로시마, 나가사키 원자폭탄 투하.

그런데 놀랍게도 이 끔찍한 비극은 일본어 단어 '모쿠사츠'와 관련이 있다.

もくさつ

제2차 세계대전이 막바지에 이른 1945년 7월 26일. 미국의 트루먼 대통령을 포함한 연합국 지도자들은 포츠담선언을 통해 일본에 무조건 항복을 요구하는 최후통첩을 했다.

연합국 지도자들이 독일의 포츠담에서 회의하는 모습

─ 한강 노벨문학상 수상 비하인드 스토리 ─

'모쿠사츠'에는 크게 '무시하다'와 '언급을 유보하다'라는 두 가지 뜻이 있는데, 일본 국영 언론인 도메이통신은 영문기사에서 모쿠사츠를 '언급을 유보하다' 대신 '무시하다'로 보도했고

일본 언론이 사용한 '무시하다 ignore'라는 표현은 시간이 흐르면서 서방 언론에서 '거부하다 reject'로 바뀌고 말았다.

영국 BBC 방송
일본이 연합국의 최후통첩을 거부했다.
Japan formally rejected the Allied ultimatum.

『뉴욕타임스』
일본, 연합국의 항복 촉구 최후통첩을 공식 거부하다.
Japan officially turns down Allied surrender ultimatum.

언론의 보도를 접한 트루먼 대통령은 격분하여 결국 1945년 8월 3일, 원자폭탄 투하를 지시하는 문서에 서명했다.

데버라 스미스는 눈까지 밝았다.

2013년 4월, 영국 런던에서는 세계적인 국제 출판·도서 전시회인 런던 국제도서전이 열리고 있었다.

이곳에서 영국 포르토벨로 출판사의 편집자인 맥스 포터가 책상에 토론 패널과 함께 앉아 있었는데,

데버라 스미스가 맥스 포터에게 다가가 원고 7장을 건넸다.

"소개하고 싶은 책이 있는데, 한번 검토해주시겠어요?"

그 원고는 영어로 번역된 한강의 연작 소설집 『채식주의자』의 샘플 원고였다.

"소설집 『채식주의자』는 「채식주의자」, 「몽고반점」, 「나무 불꽃」이라는 세 편의 단편소설이 연속적으로 이어집니다."

맥스 포터는 데버라가 건넨 『채식주의자』의 한·영 번역 샘플 원고를 읽고 나서 이렇게 감탄했다.

> "
> 무섭고 충격적이며
> 우아하고 급진적이며
> 아름다웠다.
>
> It was terrifying, shocking,
> elegant, radical and beautiful.

| 한강 노벨문학상 수상 비하인드 스토리 |

25

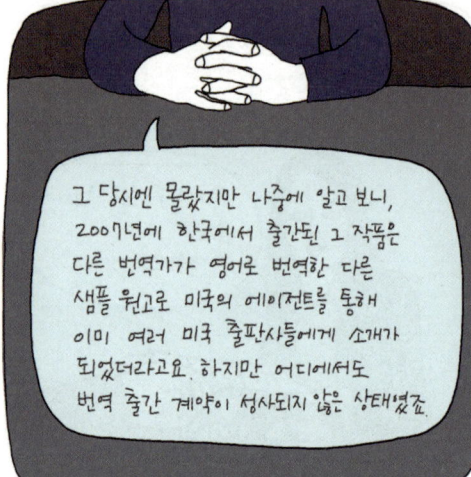

그 당시엔 몰랐지만 나중에 알고 보니, 2007년에 한국에서 출간된 그 작품은 다른 번역가가 영어로 번역한 다른 샘플 원고로 미국의 에이전트를 통해 이미 여러 미국 출판사들에게 소개가 되었더라고요. 하지만 어디에서도 번역 출간 계약이 성사되지 않은 상태였죠.

그러던 중 우연히 데버라 스미스의 번역 샘플 원고가 저희 출판사에 왔고, 저희는 단박에 그 작품에 매료되어 판권을 확보했어요. 그리고 번역을 데버라 스미스에게 맡겼죠.

아… 그랬구나.

번역은 어땠어요?

맥스 포터는 데버라 스미스의 『채식주의자』 번역을 다음과 같이 평가했다.

> "
> (…) 유려하고 분위기를 잘 살렸다.
> 가슴에 바로 와닿는
> 표현에다 눈부신 음악성이
> 독보적이다.
>
> (…) fluent and atmospheric.
> It had a visceral immediacy
> and dazed musicality
> that wasn't like anything else.

영어판 『채식주의자』는 이런 과정을 거쳐 2016년에 출간되었다.

초판 표지를 살펴보면 꽃과 함께 사람 손, 혀, 눈 그리고 달팽이, 파리, 젓가락, 고깃덩이 같은 게 보여요.

그리고 다음 해인 2016년, 『채식주의자』는 세계 3대 문학상 중 하나인 맨부커상 (현재의 부커상)의 인터내셔널 부문을 수상했다.

이 상은 번역가의 공로를 인정해서 작가와 번역가가 공동으로 수상해.

세계 3대 문학상은 노벨문학상, 부커상, 공쿠르상을 말해요.

『채식주의자』가 맨부커상을 수상한 이후, 『소년이 온다』, 『희랍어 시간』 등 한강의 다른 작품들도 세계 각국의 언어로 속속 번역, 출간되었다.

이렇게 한강의 소설이 세계 각국의 언어로 번역되어 출간된 데에는 한국문학번역원 등 여러 기관의 지원도 큰 역할을 했다.

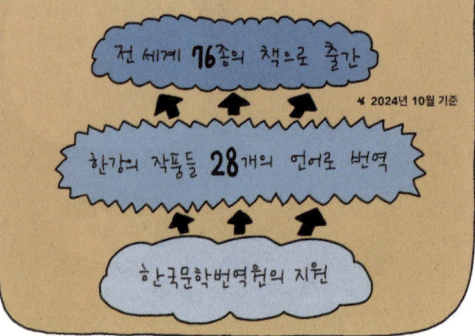

이러한 바탕 위에서 한강은 마침내 2024년 노벨문학상을 수상할 수 있었던 것이다.

이처럼 핵폭탄 투하라는 비극적 사건 뒤에는 사소해 보이는 번역 문제가 놓여 있었고,

• 문학과 번역 이야기 •

노벨상 위원회가 밝힌 한강의 노벨문학상 선정 이유

스웨덴 한림원의 노벨상 위원회는 한국의 소설가 한강을 올해 노벨문학상 수상자로 선정하며 그 이유를 아래와 같이 밝혔다.

2024년 노벨문학상은 "역사적 트라우마에 정면으로 맞서고 인간 삶의 연약함을 낱낱이 드러내는 강렬한 시적 산문"을 써온 공로로 대한민국의 작가 한강에게 수여한다.

작품들을 통해 한강은 역사적 트라우마와 보이지 않는 규칙에 정면으로 맞서며, 작품마다 인간 삶의 연약함을 폭로한다. 한강 작가는 육체와 영혼, 산 자와 죽은 자 사이의 연결에 대한 인식이 독특하며, 시적이고 실험적인 문체로 현대 산문의 혁신가가 되었다.

The Nobel Prize in Literature 2024 is awarded to the South Korean author Han Kang, "for her intense poetic prose that confronts historical traumas and exposes the fragility of human life."

In her oeuvre, Han Kang confronts historical traumas and invisible sets of rules and, in each of her works, exposes the fragility of human life. She has a unique awareness of the connections between body and soul, the living and the dead, and in her poetic and experimental style has become an innovator in contemporary prose.

• 문학과 번역 이야기 •

데버라 스미스의 『채식주의자』 번역을 둘러싼 논란

부커상 수상 이후 기자간담회에서 데버라 스미스의 번역에 대한 문제가 제기되었다. 번역가에겐 피해 갈 수 없는 숙명과도 같은 오역 논란이었다. 그 자리에서 한강은 이렇게 말했다.

"저는 소설에서 톤, 목소리를 담는 것이 중요하다고 생각하는데… 데버라 씨도 톤을 가장 중시하는 번역을 해요."

작가가 번역자에게 직접적으로 지지를 표한 것이다.

하지만 이후로도 데버라 스미스의 번역에 대한 비판이 관련 학계에서 꾸준히 제기되었다. 비판의 요지는 첫째, 스미스의 번역은 자국화 domestication에 너무 치중했다는 것이다. 영어권 독자에게 매끄럽고 유려하게 읽히기를 목적으로 삼는 바람에 한국 문학 작품의 속성을 많이 잃었다는 비판이다. 둘째, 『채식주의자』를 번역하던 당시 스미스의 한국어 이해력이 부족해서 오역과 부적절한 번역이 많았다는 지적이다.

한편 노벨문학상 심사위원들은 『채식주의자』의 영어 번역 문제를 심사 초기에 보고받았고, 공정한 심사를 위해 『채식주의자』를 독일어판, 스웨덴어판, 프랑스어판으로 함께 읽었다고 한다.

2
프랑켄슈타인과 뱀파이어의 밤

1816년 여름, 영국 여성 메리 골드윈은 교제 중이던 시인 퍼시 셸리와 함께 스위스의 제네바 인근에 있는 별장으로 여행을 떠났다.

그곳은 바이런의 별장으로, 메리와 퍼시는 바이런을 포함해 친구 몇과 그곳에서 시간을 보낼 예정이었다.

조지 고든 바이런 (1788~1824)
낭만파를 대표하는 영국의 시인. 바이런은 희대의 바람둥이로도 아주 유명하다.

별장주인

그런데 그해 여름은 날씨가 정말 이상했다. 거친 폭우가 몰아치고, 끊임없이 비가 내렸으며 무시무시한 번개가 치고 천둥소리 또한 요란했다.

콰광

―프랑켄슈타인과 뱀파이어의 밤―

바이런의 별장에 모인 이들은 모두 다섯. 메리와 퍼시, 바이런, 메리의 여동생인 클레어 그리고 바이런의 친구이자 의사인 폴리도리였다.

―프랑켄슈타인과 뱀파이어의 밤―

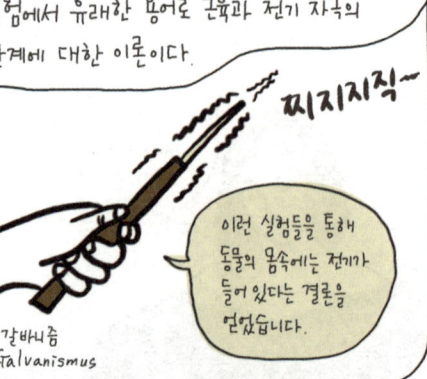

메리 셸리가 이 '갈바니즘'에 착안하여 프랑켄슈타인을 만들어낸 것이다.

그러니까 완전히 제 상상만으로 쓴 것이 아니라 당시의 과학적 흐름에 영향을 받은 거죠.

그로부터 2년이 지난 1818년, 메리 셸리는 이 이야기를 완성시켜 발표했는데

← 프랑켄슈타인:
또는 현대의 프로메테우스
(Frankenstein:
Or the Modern
Prometheus)

본명을 밝히지 않고 익명으로 발표했다. 당시 영국 사회에서는 여성이 본명으로 작품을 발표하기란 쉬운 일이 아니었기 때문이다.

여자가 쓴 거네? 읽을 가치도 없겠어.

| 프랑켄슈타인과 뱀파이어의 밤 |

이렇게 세상에 나온 소설 『프랑켄슈타인』은 연민을 느끼게 하는 괴물과 그런 끔찍한 창조물을 부정할 수밖에 없는 인간의 대치가 인상적인 소설로

당신은 누구보다 나에게 사랑과 관용을 베풀어야 하지 않나요? 당신이 나를 만들었잖아요ㅠㅠ

꺼져!

메리 셸리가 열아홉의 나이에 탄생시킨 최초의 과학소설이자 과학소설의 고전이다.

최초의 과학소설

여름이 없는 해

메리 셸리가 『프랑켄슈타인』을 처음 생각해낸 1816년은 "여름이 없는 해"로 알려져 있다.

유럽 대부분의 나라들이 냉해, 폭우, 홍수 피해를 입었고, 미국 뉴잉글랜드 지역도 한여름에 폭설이 내렸다.

뭐야, 이거 눈이야? 지금 한여름인데?

그 결과 흉작으로 인해 곡식 가격이 폭등했고 그 바람에 세계에서 가장 형편이 좋았던 영국에서도 폭동이 일어났다.

|프랑켄슈타인과 뱀파이어의 밤|

Bread or Blood   BAKER   빵이 아니면 죽음을 달라!

유럽뿐 아니라 북반구의 다른 지역들도 예외는 아니었다. 중국의 윈난에 큰 기근이 닥쳐와 굶어 죽는 사람이 다수 생겨났고,

중국

기근으로 대량 아사자 발생 ← 윈난

39

―프랑켄슈타인과 뱀파이어의 밤―

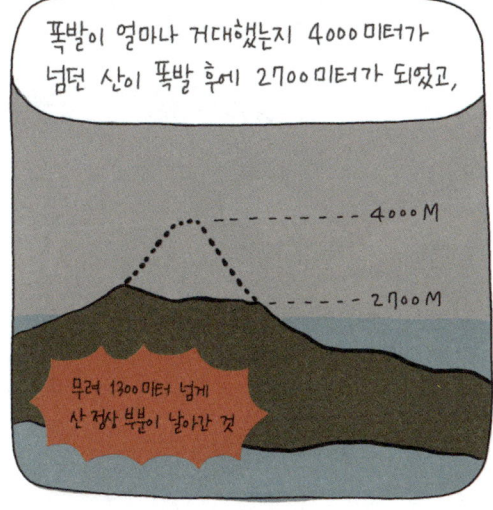

• 작품 소개 •

프랑켄슈타인
Frankenstein: Or the Modern Prometheus

빅터 프랑켄슈타인이라는 뛰어난 과학자가 생명을 창조하는 데 집착하고, 마침내 실험실에서 인체 부위들을 결합한 후에 생명을 불어넣는 데 성공한다. 하지만 빅터는 자신이 만들어낸 창조물, 즉 크리처 the Creature의 혐오스러운 외모에 놀라 그를 버리고 도망치고 만다.

한편, 총명한 크리처는 한 가족을 몰래 관찰하며 인간의 말과 행동을 배운다. 하지만 자신을 창조한 빅터는 물론이고 다른 사람들한테서도 연거푸 거부당하자 결국에는 인간을 향해 복수심을 품게 된다. 분노한 크리처는 빅터의 동생을 죽인 후 빅터에게 여성 짝을 만들어 달라고 요구한다. 빅터는 이 요구에 응하는 듯했지만 끝내 약속을 저버리고 만다.

이에 격분한 크리처가 빅터의 가장 친한 친구와 새신부를 살해하자, 빅터는 자신의 창조물을 파괴하기 위해 북극까지 추격에 나선다. 그러나 결국 지쳐 쓰러진 빅터는 한 탐험선에서 죽음을 맞이하고, 크리처도 자기 행동을 후회하며 스스로 생명을 끝내기로 다짐한다.

인간의 과학 탐구와 생명 창조에 대한 윤리적 책임을 다룬 기념비적 작품으로서, SF 공포 문학의 효시이자 현대 생명공학 논쟁의 상징이 되었다.

• 작품 소개 •

뱀파이어
The Vampyre: a Tale

신비에 싸인 귀족 루스벤 경과 젊은 영국인 남성 오브리가 런던에서 만난다. 루스벤에게 묘한 매력을 느낀 오브리는 그와 함께 유럽 여행을 떠난다. 하지만 오브리는 루스벤이 젊은 여성들을 유혹하여 파멸시키는 모습에 실망하여 로마에서 그와 헤어진다.

혼자 그리스에 간 오브리는 그곳에서 이안테라는 여인을 사랑하게 되는데, 그녀에게서 뱀파이어 이야기를 듣는다. 그런데 얼마 후 이안테가 살해당하자, 오브리는 정황상 루스벤을 의심한다. 그 뒤로 다시 오브리 앞에 나타난 루스벤은 또다시 오브리와 여행하다가 강도를 만나 살해당하는데, 죽기 전 오브리에게 1년 하루 동안 자기 죽음을 비밀로 해달라고 부탁한다. 그러고는 약속을 지키겠다는 오브리의 맹세를 듣고 숨을 거둔다.

이후 런던으로 돌아온 오브리는 믿을 수 없는 광경을 목격한다. 놀랍게도 루스벤이 살아 있는 데다 자신의 여동생과 교제 중이었다. 루스벤과의 맹세 때문에 아무것도 할 수 없던 오브리는 병이 들고, 맹세 기간이 끝나기 전날 밤, 루스벤은 오브리의 여동생과 결혼해서 런던을 떠난다. 오브리는 맹세한 1년이 지나는 순간 자신이 겪은 모든 일을 털어놓고 죽는다. 사람들이 급히 오브리의 여동생을 찾았으나, 그녀는 이미 루스벤에게 희생된 뒤였다.

이 작품은 당시 귀족사회의 부패와 악의 매혹적인 면을 다루며, 최초로 뱀파이어를 매력적인 존재로 묘사했다. 브램 스토커의 『드라큘라』를 포함해 현대 뱀파이어 로맨스 장르의 기틀을 마련한 작품이다.

3
미래를 내다보는 진짜 힘은 어디에서 오는가?

1999년, 세기말 풍경

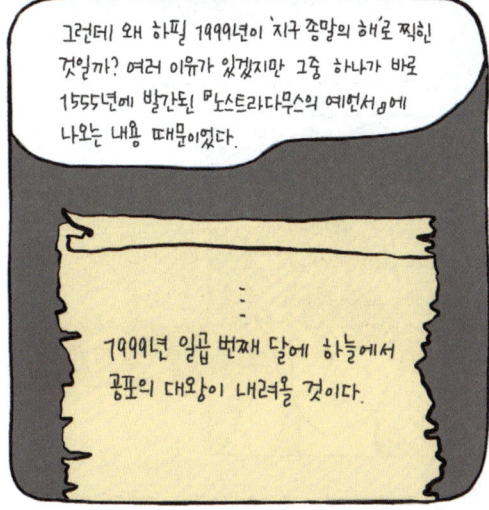

진짜 실현된 예언

1999년에 발간된 이 책은 작가의 예지몽을 소재로 삼아 쓴 것으로 프레디 머큐리와 다이애나 왕세자비의 죽음, 1995년 고베 지진을 암시하는 내용 등이 담겨 있다.

하지만 이 사건들은 『내가 본 미래』가 발간된 1999년 전에 일어난 것들이어서 크게 주목을 받지 못했고 작가도 책도 곧 잊혔다.

뭐야, 이미 일어난 일이잖아?

에이, 지난 일을 가지고 뭐 하자는 거야? 사기꾼 아니야?

하지만 이후, 놀라운 일이 발생한다. 1999년 초판 표지에 그려져 있던 내용이 2011년에 실현되고 만다.

"큰 재해 2011년 3월"

— 미래를 내다보는 진짜 힘은 어디에서 오는가? —

2011년 3월에 발생하여 2만여 명의 사망자와 40만 명의 피난민을 발생시키고, 원자력 발전소 사고 등을 야기한 동일본 대지진이 책의 내용대로 실제 일어난 것이었다.

1999년에 출간된 책에 2011년에 일어난 동일본 대지진이 예언되어 있었잖아? 사기가 아니야.

절판되었던 이 책은 예언이 실현되자 다른 예언까지 추가되어 재발간되었고, 작가도 큰 관심을 받는다.

추가 예언: 2025년 7월 동일본 대지진의 3배가 되는 거대한 쓰나미가 일본에 온다.

소설 속 이야기가 현실로

한편, 작가가 창조해낸 소설 속의 이야기가 훗날 실현되어 놀라움을 안겨 준 사례들도 있다.

내 책이 빠질 수 없지.

Jules Verne

지구에서 달까지
쥘 베른 지음

1969년 7월 16일, 전 세계인의 눈이 한 장소에 꽂혀 있었다. 인류 최초의 달 착륙선 아폴로 11호가 그날, 그곳에서 발사되었기 때문인데,

미국 플로리다주 케네디 우주센터

놀랍게도 달로 가는 유인 우주선이 플로리다에서 발사된다는 내용이 이미 『지구에서 달까지』에 나와 있었다고 한다.

더 놀라운 건, 이 책이 실제 아폴로 11호가 발사되기 100년도 더 이전인 1865년에 발간되었다는 사실!

―미래를 내다보는 진짜 힘은 어디에서 오는가?―

그런데 프랑스 작가인 쥘 베른은 당시 과학기술이 더 앞섰던 프랑스나 유럽의 다른 나라도 아니고 왜 하필 미국의 저 장소를 골랐을까?

그건 『지구에서 달까지』를 읽어 보면 쉽게 알 수 있어요. 하지만 제가 친절하게 지금 알려드리겠습니다.

51

『지구에서 달까지』는 미국에서 발생한 남북전쟁 때 결성된 대포 클럽이 전쟁이 끝나자 무료함에 시달리다가 거대한 대포를 이용해 달 탐험에 나선다는 내용이다.

그래서 배경 장소는 미국으로 낙찰!

그럼, 배경이 되는 나라는 그렇게 정했다고 해도 탄환이 발사되는 장소는 어떻게 실제 아폴로 11호가 발사된 케네디우주센터와 가까운 템파로 정한 것일까?

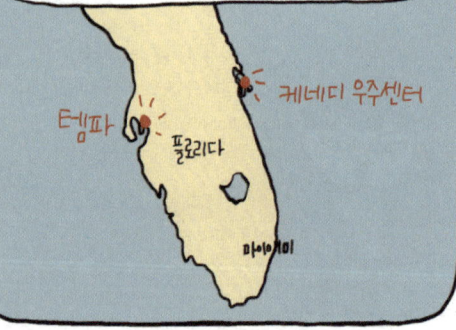

템파   케네디 우주센터
플로리다
마이애미

대포에서 쏘아올린 탄환이 달까지 가려면 대포를 수직으로 쏘아서 올려야 하는데, 그러려면 달이 머리 위의 천정에 떠 있을 수 있는 범위에 있는 지역 즉, 위도 0~28도 사이인 지역을 골라야 했기 때문이다.

달
적도   28°   0°

미래를 내다보는 진짜 힘은 어디에서 오는가?

— 미 래 를 내 다 보 는 진 짜 힘 은 어 디 에 서 오 는 가 ? —

그렇다면 쥘 베른은 어떻게 미래를 내다볼 수 있었던 것일까? 정말 그에게 신비한 능력이라도 있었던 걸까?

쥘 베른이 자신의 소설 속에 미래를 정확히 담아낼 수 있었던 까닭은 뛰어난 상상력뿐 아니라 급격히 발전하던 당시 과학기술에 대한 지식 또한 풍부했기 때문이다.

쥘 베른은 하루 종일 도서관에 틀어박혀 과학 관련 책들을 읽었다고 한다. 이렇게 쌓은 지식에다 상상력을 더해 미래를 창조한 셈이었다.

이처럼 미래를 정확히 예견했으니, 쥘 베른 이야말로 예언가 중의 예언가!

코로나를 예언한 책

최근에도 미래를 정확히 예측하여 세상을 놀라게 한 책이 있다. 이 책은 미국 작가 딘 쿤츠가 1981년에 쓴 소설로, 코로나 사태를 예견하여 엄청난 역주행에 성공했는데…

40년 전 코로나19 팬데믹 예견

한국판 제목: 어둠의 눈

사라진 아들을 찾는 한 어머니의 이야기를 담은 이 스릴러 소설에는 놀랍게도 '우한-400'이라는 미생물 무기가 등장한다.

중국 우한? 코로나 바이러스가 처음 발생했다고 하는 그 우한?

책에 등장한 '우한-400'이라는 미생물 무기는 코로나19 바이러스의 첫 출현 장소로 알려진 중국 우한 외곽에 있는 한 연구소에서 만들어진 것인데, 실제 코로나19와 치명률 등에서 차이가 있지만 장소를 이처럼 콕 집어 특정했다는 사실이 놀랍다.

— 미래를 내다보는 진짜 힘은 어디에서 오는가? —

하지만 여기서 알아야 할 중요한 사실 하나! 1981년에 발간된 초판에서는 이 바이러스의 이름을 소련의 한 연구소가 있는 지명인 '고르키'를 따서 '고르키-400'으로 했다가, 1989년 이후에 출간된 책부터는 '우한-400'으로 변경했다고.

소련과의 냉전이 해소되자, 소련과의 관계 개선을 위해 중국의 도시 중 연구소가 있는 곳인 '우한'으로 바이러스 이름을 바꾼 것이었다.

그랬구나...
그런 거였어...

• 작품 소개 •

노스트라다무스의 예언서
Les Propheties

16세기 프랑스의 점성술사 겸 의사인 노스트라다무스가 쓴 책으로 4행시로 된 예언을 담고 있다. 표현이 난해하고 모호해서 다양한 해석이 가능한데, 일부 사람들은 프랑스혁명과 세계대전 등의 사건을 예견한 책이라고 주장한다.

『내가 본 미래 私が見た未來』에서 추가로 대재난을 예고한 장소

작가가 추가로 2025년 7월 대재난을 예고한 장소는 일본과 필리핀 사이의 해상이다. 그 부근에는 2차 세계대전 때의 격전지로 유명한 이오지마 섬이 있다. 이 섬은 2020년대 들어 급격히 땅이 융기했는데, 그로 인해 2차대전 때 침몰한 미군 군함 수십 척이 모습을 드러냈을 정도였다. 이렇게 땅이 융기하는 현상은 대규모 화산 활동의 전조로 보이므로 언제든 대재난이 발생할 가능성이 크다.

지구에서 달까지
De la terre à la lune

1865년에 출간된 쥘 베른의 대표적인 SF 소설. 남북전쟁 이후 미국의 '대포 클럽'이 달을 여행하기 위해 거대한 대포를 만드는 과정을 그린 작품이다. 과학적 통찰과 사회 풍자가 결합된 이 소설은 우주여행을 예견하여 우주 과학 발전에 영향을 끼쳤다.

• 작품 소개 •

20세기 파리
Paris au XXe siècle

🧑 쥘 베른이 1863년에 쓴 디스토피아 소설로 내용이 비관적이라는 이유로 출판이 거절되었다가 백 년이 넘게 지난 1994년에야 출간되었다. 1960년대의 프랑스 파리를 배경으로 기계문명이 지배하고 예술과 인문학이 쇠퇴한 어두운 미래 사회를 그렸다.

해저 2만리
Vingt mille lieues sous les mers

🧑 쥘 베른이 1869년에 발표한 해양 SF 소설. 놀라운 과학기술로 제작된 잠수함 노틸러스호의 네모 선장과 아로낙스 교수 일행이 함께 해저 모험을 떠나는 이야기다. 바닷속 세계의 신비로움과 네모 선장의 비밀스러운 과거가 흥미롭게 펼쳐진다.

어둠의 눈
The Eyes of Darkness

🧑 딘 쿤츠는 스릴러와 공포 소설로 유명한 미국의 베스트셀러 작가다. 『어둠의 눈』은 쿤츠가 1981년에 발표한 스릴러 소설로, 죽은 줄 알았던 아들을 찾아 나서는 어머니의 이야기와 함께 정부의 비밀 프로젝트와 생화학 무기에 관한 음모를 파헤치는 내용이 담겨 있다.

4
마른오징어 게임 최종 라운드

톨스토이 (1828~1910)

저는 제정 러시아 시대의 부유한 귀족 출신이었고, 인류애와 도덕적 삶을 강조하는 글을 썼습니다. 대표작으로 『전쟁과 평화』, 『안나 카레리나』, 『부활』 등이 있습니다.

도스토옙스키 (1821~1881)

저는 가난한 귀족 출신인 의사의 아들로 태어났고, 선악의 대립이나 인간의 구원 등 심오한 주제를 집요하게 파헤쳤죠. 『카라마조프 가의 형제들』, 『죄와 벌』 등을 썼고요.

그럼, 두 번째 문제입니다.

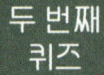

두 번째 퀴즈

주인공이 지옥, 연옥, 천국을 여행하는 대서사시 『신곡』을 쓴 사람은?

1. 괴테
2. 단테
3. 코요테

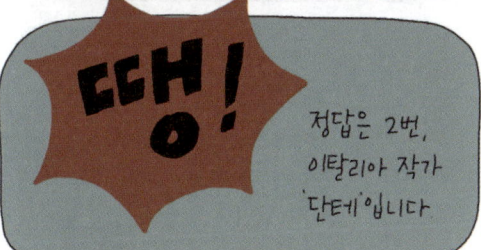

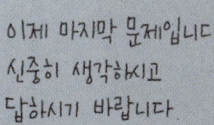

첫날밤을 보내고 나면 여자를 죽이는 왕한테 죽임을 당하지 않으려고 재미있는 대목에서 이야기를 딱 끊어서 다음 날 밤에 이야기를 이어서 하는 식으로 결국 살아남은 거라고!

절단신공 대단한데?

내일 이야기는 더 재밌답니다.

티저신공까지!

그렇게 생각하기 쉽습니다. 흔히들 그렇게 생각하죠.

그런데!

천일야화는 한자로 千一夜話, 즉 '1001일 동안의 밤 이야기'라는 뜻입니다.

영어 제목도 One thousand and one nights

• 작가와 작품 소개 •

러시아 문학의 두 거장
도스토옙스키와 톨스토이

도스토옙스키(1821-1881)는 인간 내면의 심연을 파헤쳤다. 간질과 도박중독 등에 시달린 작가 본인의 고된 삶이 작품에 잘 녹아 있다. 대표작『죄와 벌』,『카라마조프가의 형제들』등을 통해 죄와 구원, 자유의지와 같은 실존적 문제를 주로 다루었다. 문체는 극적이고 격정적이며, 다양한 관점을 충돌시키는 기법이 돋보인다.

톨스토이(1828-1910)는 부유한 귀족 출신으로 넓은 사회적 시각으로 삶을 조망했다. 대표작『전쟁과 평화』,『안나 카레니나』등을 통해 역사적 사건 속 개인의 운명을 그렸으며, 말년에는 종교적·도덕적 문제에 천착했다. 명료하고 섬세한 문체로 일상을 세밀하게 묘사한다.

신곡 La Divina Commedia

단테 알리기에리(1265-1321)는 중세 시대 이탈리아의 시인이자 철학자다. 중세 기독교 세계관의 정수를 보여주는 대표작『신곡』은 지옥, 연옥, 천국을 여행하는 대서사시로 세계 문학사에 큰 영향을 끼쳤다. 아홉 살 때 만난 베아트리체에 대한 평생의 사랑과 정치적 망명의 경험이『신곡』창작의 원동력이 되었다.

• 작가와 작품 소개 •

파우스트 Faust

요한 볼프강 폰 괴테(1749-1832)는 독일 문학의 최고 거장이다. 이십 대 중반에 쓴 『젊은 베르테르의 슬픔』으로 일약 유명 작가가 되었다. 시인, 극작가, 과학자, 정치가로도 활동했다. 그의 걸작 『파우스트』는 지식을 갈망하는 학자가 악마 메피스토펠레스와 계약을 맺고 영혼을 파는 이야기다. 인간의 욕망, 구원, 사랑을 다룬 이 작품은 60년에 걸쳐 완성되었고, 독일 문학의 걸작으로 평가받는다.

아라비안나이트 (천일야화)
One Thousand and One Nights, 千一夜話

'천 하룻밤의 이야기'라는 뜻의 세계적인 고전 문학으로 페르시아, 인도, 아랍의 설화 모음집이다. 페르시아 재상의 딸 세헤라자드가 1001일 동안 밤마다 왕에게 이야기를 들려주어 폭정을 멈추게 한다는 내용으로 「알라딘과 요술램프」, 「신드바드의 모험」, 「알리바바와 40인의 도적」 등 우리에게도 잘 알려진 매혹적인 이야기들을 담고 있다. 동양의 신비로운 상상력과 지혜를 보여주는 이 책은 18세기 이후 유럽으로 전해져 세계적으로 유명해졌다.

5
책이 내린 사형선고

앞의 사건이 있기 열흘 전쯤, 이탈리아 밀라노. 에토레 카프리올로(Ettore Capriolo, 61세). 살고 있는 아파트에서 피습 당해 가까스로 목숨을 건짐.

그리고 2년 후인 1993년 10월, 노르웨이 오슬로. 빌리암 뉘고르(William Nygaard, 50세). 자택 밖에서 총에 맞아 중상.

이가라시 히토시, 에토레 카프리올로, 빌리암 뉘고르. 이들에게는 한 가지 공통점이 있었으니….

어떤 책을 출판하는 데 깊숙이 관여했다는 것이었다.

그 책은 바로 영국인 작가 살만 루슈디의 소설 『악마의 시』.

저주 받은 책?

|책이 내린 사형선고|

살해 당한 이가라시 히토시와 흉기에 피습 당한 에토레 카프리올로는 『악마의 시』를 자국어로 번역한 번역가였고,

일본어

이탈리아어

총에 맞아 중상을 입은 윌리엄 뉘고르는 자국어로 『악마의 시』를 펴낸 노르웨이 출판사의 대표였다.

도대체 저 책에 무슨 일이 있었던 걸까? 무엇 때문에 저 책과 관련된 사람들에게 저런 끔찍한 일들이 생기는 것일까?

저주 받은 책인가…

『악마의 시』에 무슨 일이?

『악마의 시』는 1988년에 출간된 살만 루슈디의 소설로 인도에서 출발한 영국행 비행기가 영국해협 상공에서 폭발하고,

이런 이유로 『악마의 시』는 출간 직후부터 이슬람 국가에서 판매가 금지되고, 곳곳에서 시위가 벌어지는 등 이슬람 공동체가 크게 반발했던 것이다.

1988년 후반부터 『악마의 시』 반대시위 시작

1989년 초, 파키스탄에서 열린 시위로 다수 사망

급기야 1989년 2월, 이란의 최고 지도자 아야톨라 호메이니는 루슈디에게 파트와(사형선고)를 발표하기에 이르는데…

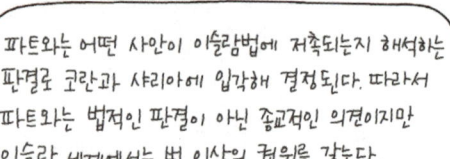

이슬람교와 예언자 무함마드와 이슬람교의 경전인 쿠란을 모독한 『악마의 시』 작가에게, 그리고 이 책의 출판에 관여한 모든 자에게 사형을 선고한다.

파트와는 어떤 사안이 이슬람법에 저촉되는지 해석하는 판결로 쿠란과 샤리아에 입각해 결정된다. 따라서 파트와는 법적인 판결이 아닌 종교적인 의견이지만 이슬람 세계에서는 법 이상의 권위를 갖는다.

이와 같은 영국 당국의 철저한 보호 덕분에 루슈디는 무사했지만 애꿎은 번역자와 출판인, 무고한 시민들은 화를 피하지 못했던 것이다.

1998년 9월, 이란과 영국의 외무장관이 루슈디에 대한 파트와가 끝났다고 공동으로 발표했고, 루슈디는 자유의 몸이 되었다.

하지만 본래 파트와는 발령한 사람만이 취소할 수 있는데, 호메이니가 사망했기 때문에 취소가 불가능한 상황이었죠. 그래서 지금도 루슈디에 대한 공격이 이뤄지고 있어요.

길고 긴 시간 동안 도망자로 살아야 했던 루슈디. 극심한 공포 속에서 얼마나 힘들었을까.

으음…

그러니까요… 그게……

루슈디

대문호가 될 사형수

1849년 12월 23일, 러시아 상트페테르부르크의 한 광장. 사형선고를 받은 죄수들이 세 명씩 두건을 쓴 채 처형대에 묶여 있었다.

바로 이 무시무시한 자리에 훗날 러시아의 대문호가 될 도스토옙스키가 있었다. 두 번째 줄에 서서 사형을 당하기 위해 대기하고 있었던 것이다.

표도르 미하일로비치 도스토옙스키
사형수, 당시 28세

도스토옙스키는 몇 해 전부터 독서 모임에 참여하고 있었는데 1849년 4월, 다른 독서 모임 회원들과 금서를 읽었다는 이유로 체포되어 사형을 언도 받았다.

사회개혁을 추구하는 사람들의 독서 모임

사형선고가 낳은 대작들

책이 내린 사형선고

그리고 이어지는 이야기

마침내 루슈디도…

본의 아니게 많은 사람을 죽거나 다치게 만든 책 『악마의 시』를 쓴 살만 루슈디. 앞에서 보았듯이 그는 영국 정부의 도움으로 아무런 해를 입지 않고 무사히 살아갔다.

그런데! 그의 주변을 망령처럼 떠돌던 테러의 위협이 시작된 지 30여 년이 지난 2022년 8월, 결국 우려하던 사건이 발생하고 만다.

2022년 8월 12일, 루슈디는 미국 뉴욕주에 있는 셔터쿼 야외 강연장에서 강연을 준비하고 있었다. 그런데 그때, 한 남성이 강연 무대로 뛰어올라 흉기로 루슈디의 목과 가슴, 눈 등을 수차례 찌르는 끔찍한 테러를 저지른다.

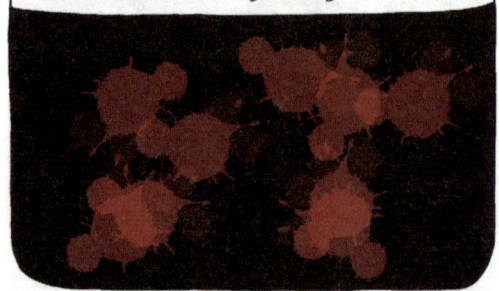

이 피습으로 루슈디는 곧장 병원으로 옮겨져 다행히 목숨은 구했지만, 안타깝게도 한쪽 눈을 잃었고 한쪽 팔도 쓸 수 없게 되었다.

하지만 이런 끔찍한 일을 겪은 후에도 루슈디는 흔들리지 않았다. 그는 피습의 경험을 담은 회고록 『나이프』를 2024년에 출간하였고

그 책을 통해 표현의 자유에 대한 그의 꺾이지 않는 의지를 알렸다.

"나는 폭력에 예술로 답하기로 했다."

• 작가와 작품 그리고 사회 •

살만 루슈디의 『악마의 시』 그리고 문학과 종교의 관계

　살만 루슈디의 소설 『악마의 시』는 비행기 폭발 사고에서 살아남은 두 인도계 영국인 지브릴과 살라딘의 이야기를 담고 있다. 대천사로 변신한 지브릴과 악마로 변신한 살라딘의 이야기를 중심으로 현실과 환상을 오가는 복잡한 이야기가 전개된다. 소설은 다층적인 이야기로 구성되며, 현대 영국 런던을 배경으로 한 주요 서사와 함께 이슬람교 초기의 이야기와 인도 마을의 순례 이야기 등이 교차한다.

　『악마의 시』는 이슬람교의 창시와 관련된 에피소드를 포함하는데, 특히 '사탄의 구절'이라 불리는 부분에서 예언자 무하마드를 모델로 한 인물이 등장한다. 결국 이 내용으로 종교적 논란이 일어났고, 『악마의 시』는 여러 국가에서 금서로 지정되었다.

　루슈디는 이 작품을 통해 이민자의 정체성과 소외, 문화적 충돌 등의 주제를 탐구한다. 또 종교적 서사를 재해석하고 패러디함으로써 종교와 문학의 경계를 모호하게 만들어 문학 표현의 자유와 종교적 존중 사이의 긴장 관계를 잘 드러낸다는 평을 받는다.

• 작가와 작품 그리고 사회 •

19세기 러시아 사회와
도스토옙스키의 문학

황제(차르) 치하의 19세기 러시아 사회는 근대화의 압박으로 말미암아 극도로 혼란했다. 이 시기 문학은 예술적 표현을 넘어 사회 비판과 철학적 성찰의 장이었는데, 도스토옙스키의 작품은 당시의 사회적 및 정신적 고민을 깊이 담아냈다.

대표작인『죄와 벌』속 주인공은 허무주의에 극단적으로 빠진 인물로 자신을 나폴레옹과 같은 초인으로 여기며 살인도 정당화한다. 이러한 주인공의 모습과 책 속 내용은 서구 사상을 맹목적으로 수용하는 러시아 젊은이들에게 보내는 경고였다.

『악령』에서는 작가 자신도 젊은 시절 가담했던 혁명 운동의 폭력성과 광기를 비판했다. 실제로 발생한 혁명가 살해 사건을 모티프로 삼아 급진적 사회 변혁이 초래할 수 있는 비극을 내다보았다.『카라마조프가의 형제들』은 러시아 정교회의 전통적 가치와 근대적 회의주의의 충돌을 극적으로 보여주는 작품으로, 신의 존재와 인간의 자유의지라는 철학적 주제를 다루면서 세속화의 물결 속에서 살아가는 러시아인들의 정신적 위기를 그렸다. 이처럼 도스토옙스키는 당대의 첨예한 사회 문제들을 작품 속에서 다루며 이를 인간 존재의 근원적 질문들과 연결한 위대한 작가였다.

6
책벌레 이야기

어쩐 일로 도서관에 간 지이 작가.
책꽂이에서 책 한 권을 꺼내들고는

프란츠 카프카
변신

책을 펼쳐 놓고 첫 문장을 읽기 시작했다.

어느 날 아침, 그레고르 잠자가 불안한 꿈에서 깨어났더니, 침대 속에서 커다란 벌레로 변해 있었다.
……

시작부터 무척 흥미로웠다. 사람이 자고 일어났는데 벌레가 되었다니….

다리가 왜 여섯 개나…

벌레를 독사보다 더 무서워하는 지이 작가는 살짝 얼굴을 찌푸리며 계속해서 책을 읽어내려갔다. 그런데 갑자기

으악— 벌레다!

엠마 왓슨의 깜짝 이벤트

십대 때 영화 〈해리 포터〉 시리즈에 출연하며 세계적인 스타덤에 오른 영국 출신 배우 엠마 왓슨.

안녕? 〈해리포터〉에서 헤르미온느로 출연한 엠마 왓슨이라고 해.

엠마 왓슨은 할리우드의 책벌레로 유명한 데다 적극적인 독서 관련 활동으로도 잘 알려져 있다.

제가 좀 활동가 스타일이랍니다. 함께 책 읽으실래요?

그녀는 독서 토론 커뮤니티인 'Goodreads'에서 북클럽 'Our Shared Shelf'를 직접 개설했고, 아주 기발한 이벤트도 벌였는데⋯.

책 읽는 즐거움을 함께 느끼고 싶어서 재미있는 이벤트를 생각해 내곤 해요.

도시의 거리 곳곳에 책을 숨겨 놓고 자신의 SNS 계정에 그 사실을 알려서 사람들이 그 책을 찾는 이벤트를 연 것이다.

책을 거리에다 직접 갖다두고 있어요

2017년 6월 어느 날, 프랑스 파리의 거리 곳곳에 책 100권을 숨겨 두고 시민들이 찾도록 했는데

|책벌레 이야기|

그때 나눠준 책은 캐나다 작가 마거릿 애트우드의 소설 『시녀 이야기』였다.

마거릿 애트우드 (1939.11.~)
시인, 소설가, 평론가이며 여성주의자이자 정치적 활동가

97

『시녀 이야기』는 1985년에 출간된 디스토피아 소설로, 성과 가부장적인 권력의 어두운 이면을 파헤친 작품.

작가의 예리한 통찰이 빛나는 고전으로, 후속작 『증언들』은 2019년 부커상을 받았어요.

책벌레 엠마 왓슨 덕분에 많은 이들이 좋은 책을 접할 기회를 갖고, 책 읽는 즐거움도 누렸을 듯하다.

이런 이벤트로 또 다른 책벌레가 생기지 않았을까요?

← 엠마 왓슨임 --;

조선은 선비의 나라답게 어마어마한 책벌레가 많았다. 같은 책을 무려 10만 번 넘게 읽은 이가 있었다는데… 바로 김득신이 그 주인공이다.

우리나라는 어땠을까?

백곡 김득신 (1604~1684)

조선 중기의 시인으로 글을 잘하여 세상에 이름을 떨쳤다.

김득신은 어릴 때 천연두를 앓는 바람에 지각이 발달하지 못해 아둔했다. 하지만 김득신의 아버지는 그런 아들을 늘 격려하고 응원했다.

그저 읽고 또 읽으면 반드시 대문장가가 될 것이다. 그러니 공부를 게을리 하지 마라.

김치

| 책벌레 이야기 |

아버지의 말에 힘을 얻은 김득신은 한번 책을 잡으면 수없이 반복하며 읽었다. 『사기열전』 중 「백이전」은 1억 1만 3천 번 읽었고, 다른 책들도 1만 번 이상 읽었다고 한다.

열심히 읽다 보면 반드시 외울 수 있을 거야.

김득신

그런데 조선의 책벌레 중에서도 단연 돋보이는 이가 있었으니… 바로 조선 초기의 문신 김수온이다.

괴애 김수온 (1410~1481)
세종 21년에 승문원 교리로서
『유방의취』 편찬에 참여.
공조판서, 영중추부사를 지냄

책벌레 왕

99

김수온은 책을 한 장씩 뜯어서 들고 다니며 외우다가 다 외우면 버렸다고 한다.

정말 멋지지 아니 할 수가 없는데, 문제는 빌린 책도 저렇게 외우고 버렸다는 것이었다.

그런 김수온이 어느 날, 신숙주를 찾아갔다.

신숙주에게 책을 빌리다

보한재 신숙주 (1417~1475)

조선 초기의 문신으로 세종대왕이 훈민정음을 창제하는 데 도움을 주었으며 『세조실록』 편찬에 참여하였다.

• 작가와 책 이야기 •

프란츠 카프카와 그의 문학 세계

프란츠 카프카는 현대 문학에 지대한 영향을 끼친 체코의 작가다. 카프카는 20세기 초반 체코 프라하에서 활동하며 독일어로 글을 썼다. 그의 소설은 현실과 환상을 뒤섞어, 소외된 인물이 특이하고 초현실적인 상황과 대면하는 모습을 주로 그린다.

카프카의 대표작으로는 단편소설 「변신」과 장편소설 『소송』, 『성』이 있다. 「변신」은 어느 날 갑자기 거대한 벌레로 변한 인간의 이야기이고, 『소송』은 한 은행원이 이유도 모른 채 체포되어 불합리한 소송에 휘말리다 결국 처형되는 이야기다. 그의 작품은 주로 인간 소외, 실존적 불안, 죄책감, 부조리 등의 주제를 담고 있다.

카프카의 독특한 문체와 주제 의식은 부조리하고 악몽 같은 상황을 뜻하는 '카프카적kafkaesque'이라는 영어 단어를 탄생시켰다. 카프카는 평생 자기 의심에 시달렸고 작품 대부분을 불에 태워버렸다고 하는데, 그 와중에 살아남은 그의 작품들은 현대 문학의 걸작으로 평가받으며 오늘날까지 많은 독자와 작가들에게 영감을 주고 있다.

• 작가와 책 이야기 •

책을 사랑한 조선의 두 임금

조선 시대에는 선비나 문인뿐 아니라 임금도 독서를 많이 했다. 그중 조선의 독서왕은 단연 세종대왕이다. 세종대왕은 책을 백 번씩 반복해서 읽었고, 『좌전』과 『초사』 같은 책은 이백 번이나 읽었다고 한다. 심지어 아플 때도 책을 놓지 않아, 아버지 태종이 환관을 시켜 책을 모두 거두기까지 했다. 그러나 세종은 그에 굴하지 않고 병풍 사이에 숨겨둔 서간집 『구소수간(歐蘇手簡)』을 무려 천 번 넘게 읽었다고 한다.

『세종실록』은 "주상께서는 수라를 들 때도 반드시 책을 펼쳐 좌우에 놓았고, 밤중에도 그치지 않았다"고 전한다. 세종은 "책을 읽는 것이야말로 세상에서 가장 유익하다"고 말하며 독서의 중요성을 강조했다.

조선 후기의 임금인 정조도 다독가로 유명하다. 조선 시대 임금의 어좌 뒤에는 일월오봉도라는 그림이 놓여 있는데, 정조는 그 그림 대신 책이 있는 서가를 그린 병풍인 책가도를 배치했다. "책을 즐겨 읽지만 일이 많아 책을 볼 시간이 없을 때는 책가도를 보며 마음을 푼다"라는 정조의 말에서 독서에 대한 열정이 잘 드러난다.

7
중세의 불가사의한 책들

악마의 성경, 코덱스 기가스

중세 시대에 쓰인 어느 책에는 몹시도 기묘한 전설 하나가 전해지고 있는데…

傳說의 故鄕
전설의 고향

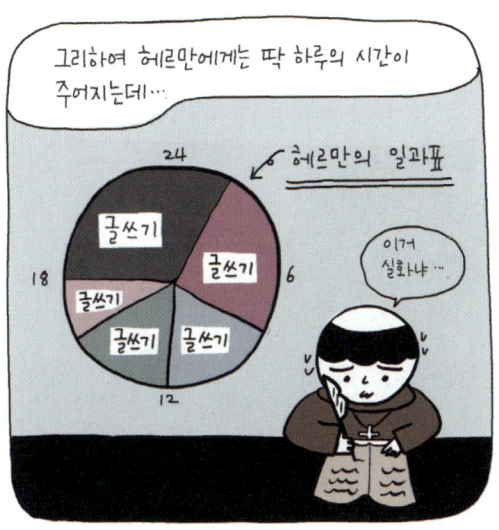

― 중세의 불가사의한 책들 ―

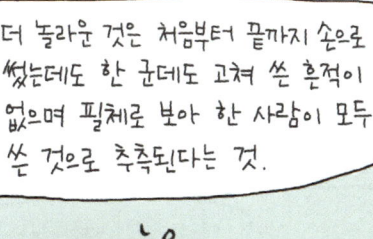

더 놀라운 것은 처음부터 끝까지 손으로 썼는데도 한 군데도 고쳐 쓴 흔적이 없으며 필체로 보아 한 사람이 모두 쓴 것으로 추측된다는 것.

흠음~

뒤로 갈수록 글자가 흐트러지고, 틀린 글자도 군데군데 나올 것 같은데…. 참으로 놀랍군.

게다가 『코덱스 기가스』 정도 분량의 책을 한 사람이 손으로 쓰려면 적어도 15년 이상의 시간이 든다고 한다.

아…. 그래서 악마의 도움으로 썼다는 전설이 생긴 거구나.

─중세의 불가사의한 책들─

이런 전설이 있는 『코덱스 기가스』는 어느 날, 보헤미아를 떠나게 된다. 구교(가톨릭)와 신교(개신교)의 갈등으로 발발한 30년 전쟁 때문이었다.

우리에게 종교의 자유를 달라!

구관이 명관이지. 예전처럼 가톨릭으로 하나되어 잘 지내자!

종교 자유!

구관이 명관

신교   구교

"도서관에 불이 나질 않나, 책에 사람이 맞아 다치질 않나… 역시나 악마의 기운이 스며든 책이라 그런 걸까?"

"이것만으로 좀 아쉬운데… 좀더 신기하고 미스터리한 책은 없나?"

해독불가, 보이니치 문서

그런데 정말 미스터리하다고 말할 수 있는 책이 존재했으니… 아직까지 해독조차 하지 못한 책, 15세기 초반에 쓰인 '보이니치 문서'가 그것이다.

Voynich Manuscript

미국의 서적상이었던 윌프리드 보이니치는 1912년, 이탈리아 로마 근교의 몬드라고네 수도원에서 이 책을 발견했다.

"이런 신기한 책이 이토록 오랜 세월 묻혀 있었다니…"

• 책이 태어나던 곳 •

중세 수도원은 책과 문화의 성지

중세 수도원은 엄격하게 종교 생활을 하는 장소였을 뿐만 아니라, 문화의 보존과 전수에도 중심적인 역할을 했다. 유럽 도서관의 역사는 수도원에서 시작되었고, 수도원은 지식의 보고로서 고대 문헌을 필사하고 보존하여 중세를 거쳐 근대로 지식을 전달하는 문화의 징검다리였다. 여러 성경 사본과 영국의 고대 영웅서사시 『베오울프 Beowulf』 등도 중세 수도원을 통해 보존되었다.

인쇄기가 발명되기 전 중세 수도원에는 필사와 책의 제작을 위한 전용 공간인 스크립토리움 scriptorium이 따로 있었다. 스크립토리움은 보통 밝은 자연광을 받을 수 있는 공간에 마련되었는데, 이곳에서 필경사는 필사할 책의 내용을 양피지에 꼼꼼하게 베껴 적었고, 원고에 시각적 요소를 더하는 예술가인 일루미네이터가 그림을 그려넣었다.

서예, 채색, 그림 그리기 등의 과정을 거치면서 필경과 책 제작 활동은 단순히 글을 베껴 적는 행위를 넘어서서 고유한 예술적 가치를 창출했다. 책이 단순한 읽기 자료를 넘어 경건하고 고상한 종교적 예술 작품으로 탄생한 것이다. 악마 그림과 더불어 예술적 문양 등이 담긴 『코덱스 기가스』도 그런 노력의 한 사례다.

• 책이 태어나던 곳 •

수도원 전경

ⓒArt Anderson

수도원의 도서관

ⓒJorge Royan

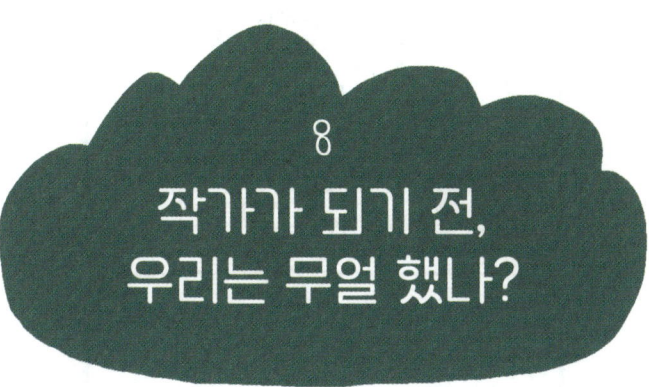

8
작가가 되기 전, 우리는 무얼 했나?

『세일즈맨의 죽음』
아서 밀러

그녀는 세 번 결혼했는데, 세 번째이자 마지막 남편은 『세일즈맨의 죽음』을 쓴 작가 아서 밀러로 이들은 1954년, 주위의 축복 속에 결혼식을 거행했다.

당대 가장 유명한 여배우와 결혼한 아서 밀러. 하지만 아서 밀러의 십대 시절은 이런 화려한 결혼식의 주인공과는 한참 거리가 멀었다.

1929년에 시작된 경제대공황으로 아버지의 사업이 완전히 망하고 말았기 때문이다.

↑경제대공황 당시 거리를 떠도는 구직자들

집이 망하자 십대였던 아서 밀러는 등교하기 전 아침 일찍 빵을 배달하며 돈을 벌었고

고등학교를 졸업하고도 접시닦이, 운전사, 자동차 부품점 직원 등을 전전했고 대학도 고학으로 간신히 졸업했다.

드디어 졸업!

―작가가 되기 전, 우리는 무얼 했나?―

하지만 이런 경험은 자본주의 사회에서 한 샐러리맨의 몰락을 표현한 희곡인 『세일즈맨의 죽음』의 밑거름이 됐고,

『황무지』
T. S. 엘리엇

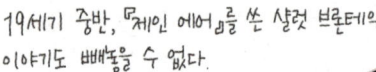

당시에는 주로 여자아이를 맡는 입주 가정교사를 '거버니스(governess)'라고 칭했고, 남자아이에게 고급 지식을 가르치는 가정교사는 '튜터(tutor)'라고 했다.

여자 가정교사의 전형적인 모습

샬럿 브론테가 쓴 편지를 보면, 그녀가 가정교사를 하며 겪은 고통을 알 수 있는데⋯

> ⋮
> 평생 가정교사로 살아야 한다니 생각할수록 비참해지네요. 가정교사로 지내려면 뭐든 그러려니 넘길 줄 알아야 하는 것 같아요.
> ⋮

샬럿 브론테가 지은 『제인 에어』는 19세기 영국의 보수적인 사회 분위기 속에서 한 여성이 당당하게 주체적으로 살아가며 시련을 극복하고 사랑을 성취해가는 과정을 담은 작품이다.

— 작가가 되기 전, 우리는 무얼 했나? —

샬럿 브론테는 소설의 힘을 빌려 여성의 인권을 방치하고 있는 당시 사회를 강하게 비판했고 여성이 겪는 불평등을 적나라게 폭로했다.

여성도 남성과 동등하게 충분히 지적일 수 있는 존재!

저는 『제인 에어』를 통해 여성의 독립적인 자아 확립 과정을 보여주었죠.

이것은 그 어느 때보다 여성에 대한 억압이 심했던 당시 19세기 영국 사회의 분위기로서는 상당히 파격적이고 혁명적인 내용이었다.

'셜록 홈스' 시리즈
코넌 도일

셜록 홈스로 너무나 유명한 아서 코넌 도일도 처음부터 작가는 아니었다.

앞의 사람들과는 달리 저는 어쩔 수 없이 작가가 된 케이스입니다. 흠...흐으음...

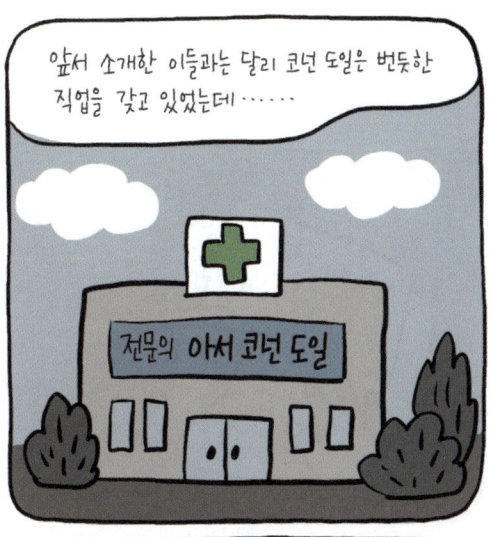

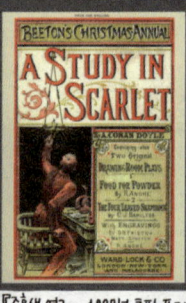

• 작품 소개 •

세일즈맨의 죽음
Death of a Salesman

1949년에 발표된 아서 밀러의 희곡으로 주인공인 60대 세일즈맨 윌리 로먼이 죽기 전 마지막 24시간을 다룬다. 윌리는 아메리칸 드림을 추구하며 살아왔지만, 오랫동안 근무한 회사에서 해고당하며 궁지에 몰린 나머지 현실과 환상을 구분하지 못하고 정신적 혼란에 빠진다. 아들들과의 갈등, 아내와의 관계, 자신의 실패를 인정하지 못하는 모습이 희곡의 중심 내용으로, 결국 주인공은 스스로 자동차 사고를 내면서 삶을 마친다.

『세일즈맨의 죽음』은 현대 미국 사회의 물질주의와 성공에 대한 환상을 비판하는 동시에 가족 관계와 자아 정체성의 문제를 탐구하는 작품으로 미국 연극계 최대 걸작 중 하나다.

황무지
The Waste Land

T. S. 엘리엇이 1922년에 발표한 「황무지」는 20세기의 가장 중요한 시 중 하나로 꼽힌다. 제1차 세계대전으로 폐허가 된 유럽의 절망적인 상황을 생생하게 그린 작품이다. 신화, 성서, 문학 작품 등 여러 가지 인용문을 이용해 죽음과 재생이라는 주제를 복잡하게 엮어냈다. 현대 문명의 정신적 황폐함을 상징적으로 표현한 「황무지」는 "4월은 가장 잔인한 달"이라는 첫 구절로도 잘 알려져 있다.

• 작품 소개 •

'셜록 홈스' 시리즈를 연 첫 번째와 두 번째 작품

『주홍색 연구A Study in Scarlet』는 아서 코난 도일이 1887년에 발표한 '셜록 홈스' 시리즈의 첫 작품이다. 『주홍색 연구』에서 홈스와 왓슨 박사는 런던의 어느 집에서 처음으로 함께 수사를 시작한다. 영국과 미국 유타주를 오가며 펼쳐지는 이 소설은 모르몬교도와 관련된 과거의 복수극이 현재의 살인사건으로 이어지는 과정을 추적한다. 홈스의 관찰력과 추리력이 돋보이는 작품으로, 이 소설을 통해 홈스와 왓슨이라는 독특한 캐릭터가 처음으로 소개되었다.

『네 개의 서명The Sign of Four』은 1890년에 발표된 '셜록 홈스' 시리즈의 두 번째 장편소설이다. 인도의 한 보물에 얽힌 미스터리를 중심으로 홈스의 추리와 더불어 왓슨의 로맨스가 펼쳐진다. "불가능한 일을 제외하고 남은 것은, 아무리 가능성이 작더라도 진실이다"라는 유명한 대사가 이 작품에 등장한다.

『주홍색 연구』와 『네 개의 서명』 두 작품 모두 홈스의 뛰어난 관찰력과 추리력을 보여주는 동시에 제국주의 시대 식민지에 대한 영국인의 인식이 반영되어 있다.

9
명작은 뜻밖의 장소에서 태어난다

위대한 작품을 탄생시키는 곳이기도 하다.

인도의 독립운동가이자 초대 총리를 지냈던 자와할랄 네루는 교도소에서 『세계사 편력』을 썼다.

자와할랄 네루 (1889~1964)

인도 초대 총리. 마하트마 간디와 함께 인도의 독립을 이끈 독립운동가, 정치가.

네루는 영국의 지배하에 있던 조국 인도의 독립운동을 이끌다 1930년부터 1933년까지 옥살이를 하게 되는데,

옥중에서 어린 딸에게 196통의 편지를 썼고, 이 편지들이 모여 『세계사 편력』으로 출간된 것이다.

한국에도 『세계사 편력』과 비슷한 책이 있다. 신영복 교수가 쓴 『감옥으로부터의 사색』이다.

감옥으로부터의 사색

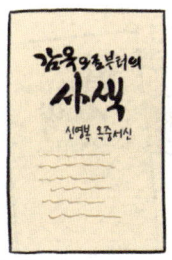

신영복 (1941~2016)

대한민국 진보학계를 대표하는 경제학자, 문학가. 1968년 통일혁명당 사건으로 20년간 징역을 살았다. '시대의 스승'으로 칭송받는 학자다.

이 책은 신영복 교수가 20년간 수감생활을 하며 가족에게 보낸 편지를 묶어 펴낸 것으로

없는 사람이 살기는 겨울보다 여름이 낫다고 하지만 교도소의 우리들은 없이 살기는 더합니다만 차라리 겨울을 택합니다. 왜냐하면 여름징역은 바로 옆사람을 증오하게 한다는 사실 때문입니다.

| 명작은 뜻밖의 장소에서 태어난다 |

책이 처음 세상에 나온 1988년 이후 한 세대가 지난 지금까지도 큰 울림을 주며 우리 시대의 고전으로 자리매김하였다.

신영복 선생의 책은 감옥 밖에 갇혀 있는 우리들의 생각의 벽을 허물게 했다.

네루와 신영복은 교도소에서 작품을 쓴 게 아니라 옥중서신이 나중에 책으로 나온 경우인데,

이와 달리 그야말로 수감 생활 중에 위대한 작품을 만들어 낸 경우가 있었으니…

그러니까 수감 생활 중에 작품을 구상하거나 완성한 사례가 있다는 거지?

디킨스, 도스토예프스키 등 19세기 대문호에게 큰 영향을 주었고 카프카, 보르헤스 등 20세기의 대작가들에게 영감의 원천이 된 『돈키호테』의 작가 미겔 데 세르반테스가 그 주인공이다.

미겔 데 세르반테스 (1547~1616)

스페인이 낳은 가장 위대한 작가. 그가 쓴 『돈키호테』는 셰익스피어의 작품과 함께 서양문학의 최고봉으로 손꼽힌다.

『돈키호테』의 작가 세르반테스는 중년의 나이로 교도소에 두 번이나 갔다.

감옥 그리고 초대박

"1592년에는 짧게, 1597년에는 여러 달 옥살이를 했죠."

"그러니까... 마흔다섯이랑 쉰 살에..."

두 번째 옥살이는 세금징수원으로 일하던 중에 생긴 돈문제 때문이라고도 하고, 일설에 의하면 사기죄 때문이라고도 하고…

"기록이 정확하게 남아 있지는 않은데 그런 말들이 있어요."

"부끄럽네요."

작가의 특별한 옥살이

이제, 미국 작가 '윌리엄 시드니 포터'를 만나러 가보자.

그게 누구지?

포터? 새로 나온 '트럭' 이름인가?

「마지막 잎새」로 유명한 작가 '오 헨리'의 본명이 바로 윌리엄 시드니 포터다.

오 헨리 (1862~1910)

미국의 단편소설 작가로 서민의 생활을 소재로 유머와 슬픔이 담긴 작품을 많이 썼다.

'오 헨리'는 윌리엄 시드니 포터가 교도소에서 창작 활동을 할 때 쓰던 여러 필명 중 하나였다.

오 헨리가 교도소? 창작 활동?

하지만 이게 웬일? 예상과 달리 교도소는 그의 창작 활동에 안성맞춤이었다.

이게 무슨 말이지? 교도소에서는 집단으로 생활하며 노동하고 그러는데, 창작이라고?

일반적으로는 옥살이를 하며 창작 활동을 하기 힘들었겠지만 오 헨리는 특별했다. 그에게는 약사 면허가 있기 때문이었다.

면허증 소지자

젊은 시절 따둔 약사 면허 덕분에 오 헨리는 교도소 안에 있는 의무실에서 약사로 지낼 수 있었고, 그곳에서 작품 활동에 전념할 수 있었다.

많은 작품이 그곳에서 탄생했죠.

헤헤

• 작품 소개 •

세계사 편력
Glimpses of World History

인도의 독립 영웅이자 인도의 초대 총리 자와할랄 네루는 1930년 10월 26일부터 1933년 9월 8일까지 약 3년 동안 수감 생활을 했다. 그때 네루가 외동딸 인디라 간디에게 보낸 196편의 편지를 모아 책으로 펴낸 것이 『세계사 편력』이다. 이 책은 서양 중심의 역사관에서 벗어나 동양의 시각으로 세계사를 재해석했다는 점에서 의의가 있다. 네루는 이 책에서 고대 문명부터 당대의 사회주의 혁명까지 방대한 역사를 다루며, 인류의 진보와 평화에 대한 비전을 담아냈다.

감옥으로부터의 사색

한국의 사회학자 신영복은 1968년 통일혁명당 사건으로 무기징역을 선고받고 1968년부터 1988년까지 20년 동안 옥중생활을 했는데, 이때 쓴 편지들을 모아 엮은 책이다. 휴지와 엽서 등에 적어 내려간 이 편지들을 통해 저자는 감옥이라는 극한 상황에서도 일상의 소소한 관찰과 깊이 있는 철학적 사색을 이어간다. 시련과 고통의 현실에서도 삶과 사회를 따뜻하게 바라보는 신영복 선생의 시선이 돋보이는 책이다.

• 작품 소개 •

돈키호테
Don Quixote

세르반테스가 1605년과 1615년에 두 부분으로 나누어 출간한 스페인의 대표적인 소설이다. 중세의 기사 이야기를 접하고 현실과 환상을 구분하지 못하게 된 시골 귀족 돈키호테가 시종 산초와 함께 떠나는 모험 이야기다. 이 작품은 중세 기사도 문학을 패러디하면서도 인간의 이상과 현실 사이의 갈등을 탁월하게 그려냈다. 근대 소설의 시초로 평가받으며, 세계문학의 걸작으로 꼽힌다.

마지막 잎새
The Last Leaf

뉴욕의 화가 마을을 배경으로 하는 미국의 작가 오 헨리의 대표 단편소설이다. 폐렴에 걸린 젊은 화가 존시는 창밖 담쟁이덩굴의 마지막 잎새가 떨어지면 자신도 죽을 것이라고 여긴다. 이에 이웃에 사는 나이 든 화가 베어먼이 폭풍우가 몰아치는 밤새 벽에 잎새를 그려 넣고, 결국 그로 말미암아 폐렴에 걸려 죽는다. 예술가의 희생과 사랑을 통해 인간 정신의 고귀함을 보여주는 작품이다.

10
무덤에서 부활한 책과 작가

드라마에 등장한 고래를 보고 아이디어를 얻은 것이었다.

'고래' 하면 제일 먼저 떠오르는 작품은 미국 작가 허먼 멜빌의 소설 『모비 딕』일 것이다.

고래를 소재로 한 걸작

『모비 딕』은 '이스마엘'이라는 청년이 포경선에 올라 드넓은 바다를 항해하는 이야기로

거대한 흰색 향유고래 모비딕

특히 에이허브 선장과 모비딕과의 대결을 통해 자연에 맞서는 인간의 집념과 파멸을 처절하게 그려낸 작품으로 잘 알려져 있다.

에이허브 선장

"나는 너를 향해 돌진하고 끝까지 너와 맞붙어 싸우리라. 지옥 한복판에서라도 너를 향해 작살을 던지고, 가늠할 수 없는 증오를 담아 내 마지막 숨을 너에게 뱉어 주마."

이 작품은 '철학적 주제'와 '해양모험 소설의 재미'라는 두 마리 토끼를 모두 잡아 고전의 반열에 올랐다.

젊은 시절, 선원으로 포경선을 탔던 경험을 바탕으로 우주와 자연 앞에 맞서는 인간의 그칠 줄 모르는 욕망과 파멸을 그려 냈죠.

모비 딕

허먼 멜빌

한편 『모비 딕』은 일종의 '고래 대백과사전'이기도 하다. 작품 속에 고래의 생태, 포경 기술 및 잡은 고래를 취급하는 방법 등이 담겨 있기 때문.

그래서인지 『모비 딕』이 한때 도서관의 문학 서가가 아닌 수산업 서가에 꽂혀 있었다는 믿지 못할 소문이….

노벨연구소가 100인의 세계적인 문호들에게 "가장 의미있는 작품"을 꼽는 투표를 진행한 결과 『모비 딕』이 포함되었고,

『달과 6펜스』로 유명한 작가 서머싯 몸이 뽑은 '세계 10대 문학작품'이기도 하다.

작가 이름	작품 제목
필딩	톰 존스
오스틴	오만과 편견
스탕달	적과 흑
발자크	고리오 영감
디킨스	데이비드 커퍼필드
플로베르	마담 보바리
멜빌	모비 딕
브론테	폭풍의 언덕
도스토예프스키	카라마조프 가의 형제들
톨스토이	전쟁과 평화

하지만 애석하게도 이 책 『모비 딕』은 1851년 출간되고 별로 주목받지 못했다.

1891년 사망할 때까지 겨우 3,200권 정도밖에 팔리지 않았다고.

그렇다면 오늘날 이 책의 명성은 어떻게 얻어졌을까?

작가 사후에 무슨 일이 있었다는 건데……

그렇게 그의 삶은 조용히 묻히는가 싶었는데....

1919년 허먼 멜빌 탄생 100주년을 맞아 대반전이 일어난다!

컬럼비아대학 교수인 레이먼드 위버가 멜빌의 작품을 재조명하면서 1921년, 멜빌의 전기를 최초로 발간한 것이 큰 계기였다.

출간 즉시 베스트셀러 기념...

이로써 "멜빌 부활" 운동이 일어났고, 이후 유명 작가인 D. H. 로렌스가 멜빌 연구서를 내는 등 여러 활동에 힘입어 멜빌은 사후 30여 년 만에 화려하게 부활한다.

• 사후에 진가를 인정받은 한국의 작가 •

윤동주(1917~1945)

🧕 일제강점기의 시인이자 독립운동가. 해방을 몇 달 앞둔 1945년 2월, 만 27세의 나이로 일본의 형무소에서 사망했다. 생전에는 거의 알려지지 않았으나, 사후 1948년에 유고 시집『하늘과 바람과 별과 시』가 출간되면서 민족시인으로 추앙받게 되었다. 대표 시로「서시」,「자화상」 등이 있으며, 이 시들은 일제강점기 민족의 아픔과 저항 정신을 상징하는 대표 작품으로 평가받는다.

이상(1910~1937)

🧕 본명은 김해경이며 1930년대 한국 모더니즘 문학을 선도한 시인이자 소설가다. 일본 유학 중에 지병인 폐결핵이 급격히 악화되어 만 26세의 나이로 세상을 떠났다. 파격적이고 실험적인 성향의 작품 때문에 생전에는 제대로 평가받지 못했으나, 사후에 한국 현대문학의 가장 중요한 작가 중 한 명으로 인정받았다. 시「오감도」와 소설「날개」 등이 대표작이다.

• 사후에 진가를 인정받은 한국의 작가 •

백석(1912~1996)

사후에 유명해진 사례와는 조금 다르지만, 백석도 나중에 진가를 인정받은 시인이다. 그는 1930년대 한국 시단에서 활발히 활동했으나, 광복 이후 월북한 시인이라는 이유로 오랫동안 한국 문단에서 금기시되다가 1988년, 월북 작가 해금 조치와 더불어 재평가가 시작되었다.

백석은 1958년 김일성의 문예 정책을 어겼다는 이유로 숙청되어 협동농장에서 생활했고, 작가로서의 활동이 중단된 1960년대 초반 이후부터 1996년 사망하기까지 일생을 엿볼 수 있는 기록은 거의 없다. 그러나 방언과 민속적 언어를 시적으로 승화시킨 그의 작품들은 한국 현대시의 위대한 성취로 평가받고 있다. 시집 『사슴』과 시 「나와 나타샤와 흰 당나귀」 등이 유명하다.

1930년대 함흥 영생고보(永生高普) 교사 시절 24살의 백석

II
금서가 던지는 질문

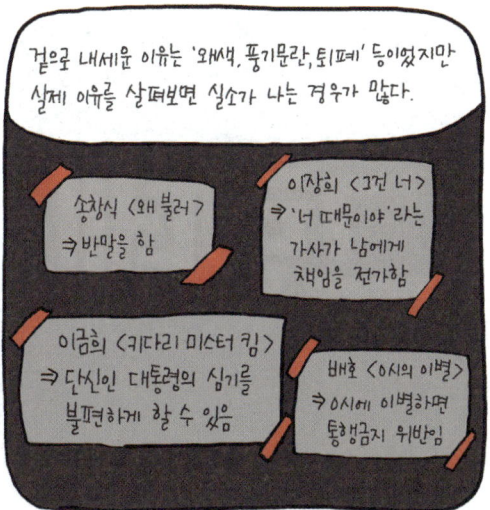

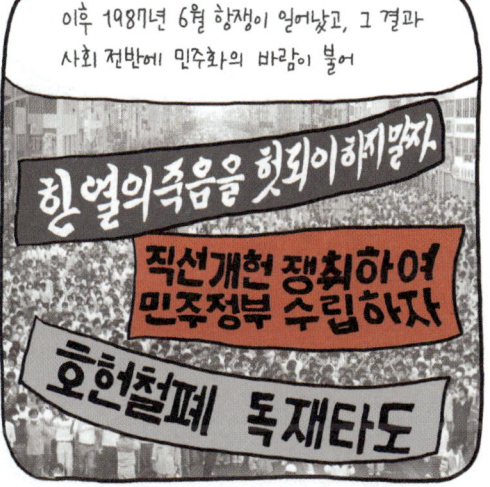

| 금서가 던지는 질문 |

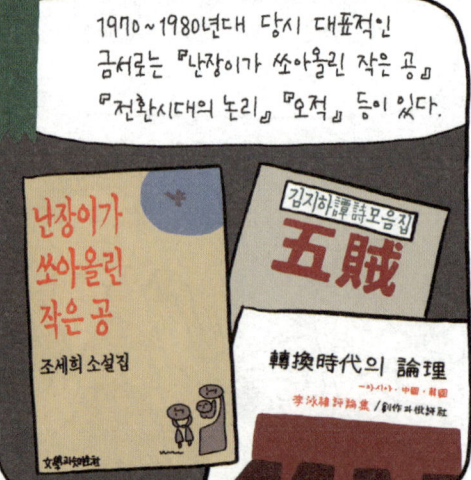

"사람들은 아버지를 난장이라고 불렀다"라는 첫 문장으로도 유명한 『난장이가 쏘아올린 작은 공』은 '사회 비판적 요소' 때문에 군사정권에서 금서가 됐고, 가난한 도시근로자의 애환과 산업사회의 병폐를 파헤친 작품

금서

『전환시대의 논리』는 국가체제를 위협한다는 이유로 금서가 되었다. 당시 국민들은 반공 이데올로기에 길들어 있었는데, 이 책으로 국제정치 현실에 대한 시각이 바뀌었기 때문이다.

이 책 읽어 봤어? 베트남 전쟁이 자본주의와 공산주의의 싸움이 아니라 제3세계 민족해방투쟁의 의미를 가진다고 하더라고.

그래? 나도 읽어 봐야겠다.

|금서가 던지는 질문|

세월이 흘러 민주화시대인 1990년대에는 군사정권 때와는 사뭇 다른 이유로 금서가 된 유명한 책이 있다.

한국 작가가 쓴 책만 금서가 된 건 아니었다. 영국이 낳은 최고의 역사가인 E. H. 카의 책도 금서가 되고 마는데…

이 책이 금서라고?

|금서가 던지는 질문|

아니, 그 세계적인 명저가 왜?

『역사란 무엇인가』가 금서로 지정된 이유로 저자인 E. H. 카가 외교관으로 활동하면서 소련에 드나든 적이 있기 때문이라는 설이 있다.

황당한 이유이지만, 금지곡에 붙였던 이유들을 생각하면 충분히 가능했을 것 같습니다.

하지만 요즈음에는 열녀문을 다른 시각으로 본다.

남존여비의 사회를 유지하기 위해 여성을 억압하는 수단

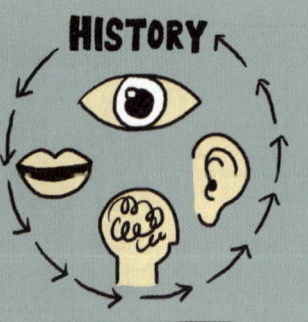

열녀비에 대한 인식 변화는 "역사란 과거와 현재의 끝임없는 대화"라는 것을 엿보게 해주는 적절한 사례다.

어리둥절한 금서

그리고 여러분과 이야기하고 싶은 또 하나의 금서가 여기 있으니…

프로테스탄트 윤리와 자본주의 정신

막스 베버

• 작품 소개 •

난장이가 쏘아올린 작은 공

1978년 출간된 조세희의 연작소설집으로 「난장이가 쏘아올린 작은 공」을 포함해 12편의 단편소설이 실려 있다. 책에 실린 단편들의 내용은 모두 이어지며, 1970년대 한국의 산업화 과정에서 발생한 소외된 도시하층민의 고통과 불평등을 다룬다. 영수와 가족들이 서울 달동네에서 쫓겨난 뒤 은강에 정착하여 노동 계층으로 생활하는 이야기가 주된 내용이다. 기계처럼 노동하는 난쟁이, 폭력과 맞서는 노동운동가 지섭, 방황하는 난쟁이의 첫째 아들 영수 등을 통해 당대 한국 사회의 구조적 불평등과 폭력성을 드러내며, 리얼리즘과 환상성을 결합한 실험적 문체로도 주목받았다. 2017년 국내 문학 작품으로는 최초로 300쇄를 돌파했다.

즐거운 사라

마광수 교수가 1991년에 발표한 소설로 출간 직후 음란성 논란에 휩싸이며 1992년 저자가 구속되는 초유의 사태를 낳았다. 육체와 정신의 관계, 인간의 성적 욕망과 자유에 대한 철학적 탐구를 시도한 실험소설이다. 당시 한국 사회의 보수적인 법체계와 충돌하며 표현의 자유에 관한 격렬한 논쟁에 불을 지폈고, 예술의 자유와 성 담론에 대한 중요한 전환점이 되었다.

• 작품 소개 •

프로테스탄트 윤리와 자본주의 정신
Die Protestantische Ethik und der Geist des Kapitalismus

「프로테스탄트 윤리와 자본주의 정신」은 독일의 사회학자 막스 베버가 1904년(1부)과 1905년(2부) 두 번에 걸쳐 『사회과학 및 사회정책 총론』에 발표한 논문으로, 1920년에 1부와 2부를 합쳐서 단행본으로 출간했다. 마르틴 루터, 칼뱅 등이 일으킨 16세기 기독교 종교 개혁의 중심 사상인 프로테스탄티즘protestantism, 특히 칼뱅주의의 윤리관이 어떻게 근대 자본주의 발전의 동력이 되었는지를 분석한다. 경제적 성공을 통해 구원을 확신할 수 있다는 종교적 동기가 근면, 절제, 합리적 이윤 추구라는 자본주의적 덕목으로 발전했다는 논지를 펼친다. 베버는 이를 통해 종교가 경제 행위와 사회 변동에 미치는 영향을 체계적으로 설명했다. 『프로테스탄트 윤리와 자본주의 정신』은 카를 마르크스의 『자본론』과 함께 자본주의를 이해하는 데 빠져서는 안 될 양대 산맥이다.

12
돈을 좇은 작가
VS. 돈을 불태운 작가

두 남자: 1920년대 미국은 1차세계대전이 끝난 후 산업과 경제가 급성장하며 물질적 풍요가 넘치던 황금시대로 '광란의 20년대' 혹은 '재즈 시대'라고 불린다.

THE ROARING TWENTIES

하지만 둘의 인생관과 가치관은 판이했는데, 특히 돈에 대한 시각은 극과 극이었다.

그들은 바로 스콧 피츠제럴드와 스콧 니어링이었다.

스콧 피츠제럴드
1896~1940

스콧 니어링
1883~1983

두 사람 중에서 먼저 『위대한 개츠비』를 쓴 소설가 F. 스콧 피츠제럴드의 삶을 따라가 보자.

『위대한 개츠비』
1920년대 미국을 대표하는 소설로 제1차 세계대전 직후의 미국의 사회상을 실감나게 묘사한 수작!

피츠제럴드는 20세기 최고의 미국 소설 중 하나로 평가되는 『위대한 개츠비』의 작가로, 이 소설은 같은 제목의 영화로도 잘 알려져 있다.

돈아, 나는 네가 정말 좋아

"레오나르도 디카프리오" 주연

소설 『위대한 개츠비』가 발표된 해는 1925년으로, 이는 미국의 황금시대인 1920년대의 한가운데였다.

|돈을 좋으는 작가 VS. 돈을 불태운 작가|

그래서 『위대한 개츠비』에도 이런 시대상이 잘 반영되어 있는데, 책에 나오는 당시 뉴욕 상류층의 파티 문화는 화려하다 못해 어지러웠고

뉴욕의 놀이공원 '코니 아일랜드'에는 여름 휴가철에 하루 백만 명이 입장했다고 한다.

이렇게 돈이 넘쳐나는 풍요로운 시대, 화려한 시절을 살며 피츠제럴드는 단편소설을 많이 썼는데,

그가 단편소설을 많이 쓴 데는 특별한 이유가 있었다. 단편소설을 특별히 좋아해서일까?

피츠제럴드가 장편보다 단편소설을 많이 쓴 건 돈 때문이었다. 빨리 쓰면 그만큼 돈도 빨리 받을 수 있기 때문.

펑펑 쓰고 싶으니까요

브래드 피트가 주인공으로 나온 영화 〈벤자민 버튼의 시간은 거꾸로 간다〉의 원작 소설인 「벤자민 버튼의 기이한 사건」도 피츠제럴드가 쓴 단편소설 중 하나인데,

그 단편소설이 포함된 소설집을 통해 피츠제럴드는 이렇게 고백하기도 했다.

"어떤 단편소설은 백금과 다이아몬드가 박힌 고급 손목시계를 사겠다는 일념으로 단 일곱시간만에 후다닥 써냈다니까요."

경제학자 겸 정치 활동가로서 남긴 저서들을 제외하고, 작가로서 그가 남긴 대중적인 책으로는 자서전인 『스콧 니어링 자서전』과 아내인 헬렌과 함께 쓴 『조화로운 삶』이 있다.

먼저 『스콧 니어링 자서전』 속의 놀라운 이야기를 들어보자.

어우, 두근거려.

← 오래전부터 헬렌과 스콧 니어링 부부 팬임

스콧 니어링은 제1차 세계대전 직후 독일에서 발행한 채권을 사두었다.

전쟁 후 경제 재건도 도울 겸 채권 가격이 오르면 수익도 챙길 겸 좀 사두어야겠어.

스콧 니어링은 이 모든 것을 초래한 자본주의 사회에 극도의 반감을 가졌다.

도시 외곽의 판잣집에 사는 사람들

20세기 초반, 미국의 열악한 노동 현실을 풍자한 찰리 채플린의 영화 <모던 타임스>

결국 스콧 니어링은 경제 대공황의 여파가 극심하던 1930년대 초, 아내 헬렌과 함께 뉴욕을 떠나 버몬트 숲으로 들어갔다.

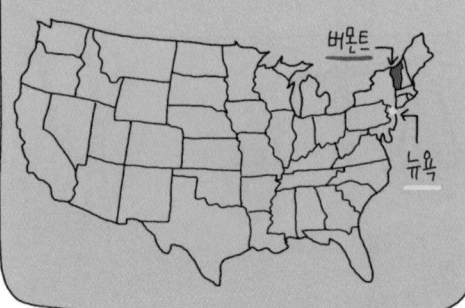

—돈을 좇은 작가 vs. 돈을 불태운 작가—

그리고 자연 속에서 평생 자급자족하며 생태적인 삶을 살았다.

니어링 부부의 버몬트 숲에서의 삶은 『조화로운 삶』에 잘 담겨 있다. 이 책 속에 담긴 몇 구절을 따라가 보며 이번 이야기를 마칠까 한다.

조화로운 삶
헬렌 니어링, 스코트 니어링 씀
류시화 옮김, 보리 출판사

우리는 땀 흘려 일해서 먹고살고자 했다. 하지만 여가와 휴식을 갖는 즐거움은 빼놓을 수 없었다. 삶이 틀에 갇히고 강제되는 대신 삶이 존중되는 모습을 추구하고 싶었다.

— 머리말 중에서

우리는 장작이 필요한 사람이 있으면 장작을 나눠 주고, 우리 밭에서 난 채소도 많이 나눠 먹었다. 가장 큰 즐거움은 스위트피가 자라면 그 꽃을 한 아름씩 꺾어다가 사람들에게 나눠 주는 일이었다…(중략)… 그날 하루는 아는 사람들은 물론 낯선 사람에게도 꽃다발을 나눠 주었다. —39쪽

• 작품 소개 •

위대한 개츠비
The Great Gatsby

1925년 발표된 F. 스콧 피츠제럴드의 대표작으로 금주법이 시행되고 재즈가 유행하던 1920년대의 미국 뉴욕이 배경이다. 주인공 제이 개츠비는 가난한 집안 출신이지만 부자가 되어 옛 연인 데이지를 되찾으려 한다. 개츠비는 화려한 파티를 열어 데이지의 관심을 끌지만, 결국 비극적인 결말을 맞이하고 만다. 개츠비의 이웃인 닉 캐러웨이의 시점에서 전개되는 이 소설은 제1차 세계대전의 승리 이후 엄청난 풍요를 누리게 되었으나 윤리적으로는 타락한 미국 사회의 모습을 담아내며 아메리칸 드림의 허상과 그 시대의 공허함을 날카롭게 비판한다. 20세기 미국 문학의 고전으로 평가받는다.

벤저민 버튼의 기이한 사건
The Curious Case of Benjamin Button

피츠제럴드가 1922년에 발표한 단편소설이다. 노인으로 태어나 점점 젊어져 아기로 죽음을 맞이하는 벤저민 버튼의 기이한 일생을 그린다. 역순으로 흐르는 시간 속에서 벤저민이 겪는 사랑, 결혼 이야기 등을 통해 인생과 시간의 의미를 성찰한다. 늙음과 젊음, 삶과 죽음이라는 보편적 주제를 독특한 상상력으로 표현한 이 소설은 2008년 브래드 피트가 주연한 영화로 제작되면서 더욱 유명해졌다.

• 작품 소개 •

스콧 니어링 자서전
The Making of a Radical

'덜 갖고 더 많이 존재하는 것'으로 단순하고 검소한 삶을 추구했던 스콧 니어링이 여든이 넘은 나이에 삶을 되돌아보며 쓴 자서전으로 1972에 출간되었다. 스콧 니어링은 미국의 부유한 가정에서 태어났지만 자본주의와 전쟁에 반대하는 급진적인 사상가로 자랐다. 경제학 교수였던 니어링은 자본의 분배 문제와 반전사상을 주장하다 대학에서 해직된 뒤 인권과 평화 운동에 헌신했다. 니어링과 아내 헬렌은 버몬트주 숲속에서 생활하며 자급자족의 삶을 살았다. 자신의 신념에 따라 단순하게, 치열하게, 저항하며 살아온 니어링의 자서전은 자본주의 사회에서 가장 비자본주의적으로 살았던 독특한 삶의 여정을 담고 있다. 이 책은 단순히 한 개인의 삶을 기록한 것을 넘어 20세기 미국 사회의 모순과 그에 대한 대안을 제시하는 중요한 저작으로 평가받는다.

조화로운 삶
Living the Good Life

『조화로운 삶』은 1954년 스콧 니어링과 헬렌 니어링 부부가 함께 쓴 책으로 1932년 대공황기에 버몬트 시골로 들어가 이십여 년 동안 자급자족하며 살았던 체험을 담았다. 자연과 더불어 사는 삶의 가치를 강조한다. 메이플 시럽 채취, 집 짓기 등 구체적인 자급자족의 방법도 소개하며, 현대 문명에 대한 대안적 삶의 방식을 제시한다. 이 책은 2000년대 들어 한국에서도 생태와 환경을 중시하는 사회적 분위기와 함께 크게 조명받았다.

13
로맹 가리는 왜 공쿠르상을 두 번이나 받았을까?

제1차 세계대전(1914~1918)이 끝나고 그 다음 해인 1919년 독일.

알을 깨고 나온 작가

이때, 헤르만 헤세의 유명한 소설 『데미안』이 발표되었다.

헤르만 헤세
Herman Hesse (1877~1962)

독일의 소설가이자 시인. 현대 문명을 비판하고 인간 내면의 양면성에 대한 고찰을 통해 휴머니즘을 지향한 작가. 1946년에 노벨 문학상을 받았다.

새는 알에서 나오려고 싸운다. 알은 새의 세계이다. 태어나려고 하는 자는 하나의 세계를 깨트려야만 한다.

Der Vogel kämpft sich aus dem Ei. Das Ei ist die Welt. Wer geboren werden will, muß ein Welt Zerstören.

위의 문구로 특히 유명한 『데미안』은 참된 자아를 찾아가는 이야기로 전 세계 청춘들의 필독서로 자리매김했다.

그런데!

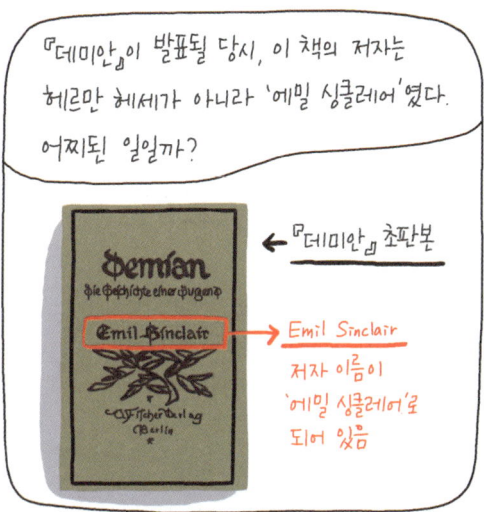

그러던 중, 헤르만 헤세는 한 신문에 논설을 싣는데, 그 글에는 다음과 같은 문구가 포함되어 있었다.

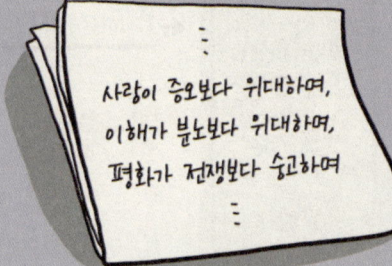

사랑이 증오보다 위대하며, 이해가 분노보다 위대하며, 평화가 전쟁보다 숭고하며

전쟁에 반대하는 글을 신문에 실은 헤세는 독일 언론과 지식인 들에게 거센 비난을 받게 되었고,

매국노는 물러가라!

이 때문에 헤세는 『데미안』을 출간하면서 본명을 사용하지 않았던 것이다.

야이, 매국노야!

내 본명으로 출간했다가는 제대로 읽히지 않을 게 분명해.

— 로맹 가리는 왜 공쿠르상을 두 번이나 받았을까?—

바로 프랑스의 대표 작가인 로맹 가리.

로맹 가리
Romain Gary (1914~1980)

시대정신과 풍속 묘사로 현대 문명의 퇴폐성을 고발한 작품을 주로 썼다.

로맹 가리는 '공쿠르상'을 두 번이나 받은 걸로 유명하다.

공쿠르상
Le Prix de Goncourt

프랑스의 최고 문학상이자 세계 3대 문학상 중 하나. "그해 최고의, 가장 상상력이 풍부한 산문 작품"의 작가에게 수여된다.

그런데!

| 로맹 가리는 왜 공쿠르상을 두 번이나 받았을까? |

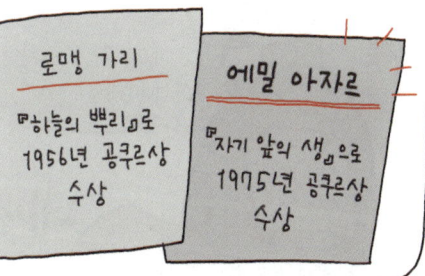

[로맹 가리는 왜 공쿠르상을 두 번이나 받았을까?]

그런데 로맹 가리는 유서에다 자신이 바로
에밀 아자르라는 사실을 적어 두었고,
그가 사망하자 그 사실이 세상에 공개된 것이었다.

내가 바로 바로
'에밀 아자르'지롱~
-로맹 가리-

로맹 가리는 도대체 왜 그랬을까?

상을 또 받고 싶어서?

???

작가로서 실력을 확인하려고?

언제부터인가 발표하는 소설마다
평단의 혹평을 면치 못했어요.
그래서 '에밀 아자르'라는
필명으로 활동하게 되었죠.

[로맹 가리는 왜 공쿠르상을 두 번이나 받았을까?]

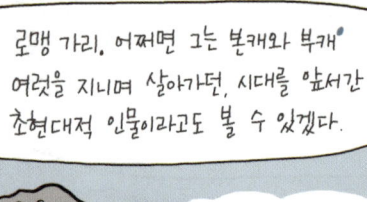

* 본캐: 본래 캐릭터
부캐: 부 캐릭터. 본래 캐릭터 외의 캐릭터.

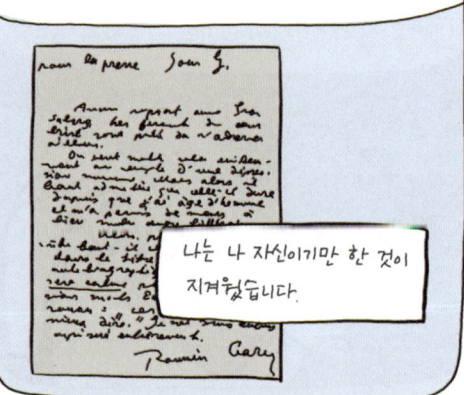

실패로 끝난 인기 작가 탈출기

바로 '해리 포터' 시리즈를 쓴 영국의 작가, 조앤 롤링이 그 주인공.

조앤 롤링
Joan K. Rowling (1965~)
영국의 소설가이자 각본가. 전 세계에서 가장 많이 팔린 소설인 '해리 포터' 시리즈로 상업적으로 가장 성공한 작가 중 한 명이 되었다.

[로맹 가리는 왜 공쿠르상을 두 번이나 받았을까?]

책과 영화로 얻은 수입으로 조 단위의 부자라는 롤링. 그녀는 이제 인생을 편하게 즐기기만 해도 될 듯한데···.

그런데 그거 알지? 고~옥 저런 사람들이 일 겁나 많이 한다?

조앤 롤링은 2007년 '해리 포터' 시리즈의 마지막 권인 『해리 포터와 죽음의 성물』을 발표하고 몇 년이 지난 2012년부터 다시 '로버트 갤브레이스'라는 필명으로 추리소설을 내놓기 시작했다.

「로맹 가리는 왜 공쿠르상을 두 번이나 받았을까?」

•작품 소개•

데미안 Demian

노벨문학상 수상 작가인 독일 작가 헤르만 헤세가 인간의 성장과 자아의 탐구를 주제로 1919년에 발표한 성장소설이다.

주인공 에밀 싱클레어는 선과 악, 밝은 세계와 어두운 세계로 명확히 구분된 세계 속에서 고뇌하며 자아를 찾아나가는 여정을 시작한다. 그리고 이 과정에서 만난 인물들은 그의 성장과 자아 발견에 중요한 역할을 한다. 싱클레어는 전학생 데미안을 만나고, 데미안은 싱클레어에게 새로운 세계관을 소개하며 그의 내면적 성장을 이끈다. 데미안은 싱클레어가 내면에 큰 갈등이 있다는 것을 발견하고 선악의 이분법적인 세계에서 벗어날 수 있도록 돕는다. 또 싱클레어에게 성경에 나오는 카인과 아벨의 이야기를 들려주며 기존의 선과 악에 대한 개념에 의문을 던지고, 전통적인 도덕과 사회 규범을 넘어서는 사고방식을 가르친다. 싱클레어는 데미안의 가르침을 통해 자기의 길을 찾으려 하지만 혼란을 겪으며 방황의 시기를 보내게 된다. 그러던 중 데미안의 어머니인 에바 부인을 알게 되고, 진정한 자유와 자아를 찾기에 이른다.

자아 발견을 위한 내면 탐구의 길을 비롯해 사회적 규칙과 질서에 대한 비판적 시각을 담고 있는 『데미안』은 제1차 세계대전 직후 암울한 시대를 배경으로 개인의 정신적 성장을 진지하게 모색하는 작품으로, 출간 후 100여 년이 지난 지금까지도 많은 독자의 사랑을 받고 있다.

• 작품 소개 •

자기 앞의 생 La vie devant soi

프랑스 작가 로맹 가리가 에밀 아자르라는 필명으로 1975년에 발표한 소설이다. 파리의 빈민가를 배경으로 아랍계 소년 모모와 그를 돌보는 유대인 노파 로자의 관계를 그린다. 주인공 모모의 본명은 모하메드이지만 모모라고 불리며, 전직 매춘부인 로자 아줌마에게 맡겨져 자란다. 매춘부의 아이일 것으로 추측되는 모모는 삶의 비극들을 경험하며 너무 일찍 삶의 슬픔과 고단함을 알아버린다.

이 소설은 모모의 시선으로 파리 빈민가의 삶과 그곳에 사는 여러 인물을 생생하게 묘사한다. 이웃들끼리의 정과 유대감, 그리고 힘겨운 삶 속에서도 포기하지 않는 인간의 강인함을 보여준다. 특히 모모와 로자의 관계는 핏줄을 넘어선 깊은 애정으로 가득하다. 후반부에 로자의 치매 증상이 심해지는데, 모모는 로자를 돌보려고 고군분투하면서 진정한 사랑의 의미를 깨닫는다. 소설 앞부분에서 모모가 하밀 할아버지에게 던진 질문 "사람이 사랑 없이 살 수 있나요?"에 대한 답을 모모는 그렇게 스스로 찾아낸다.

에밀 아자르의 『자기 앞의 생』은 유머가 깃든 문체를 통해 사회적 소수자들의 삶을 따뜻한 시선으로 그려내며, 편견을 깬 이웃과 더불어 살며 인생의 소중한 해답을 깨우치는 모모를 통해 인종과 종교를 초월한 사랑과 연대의 메시지를 전한다.

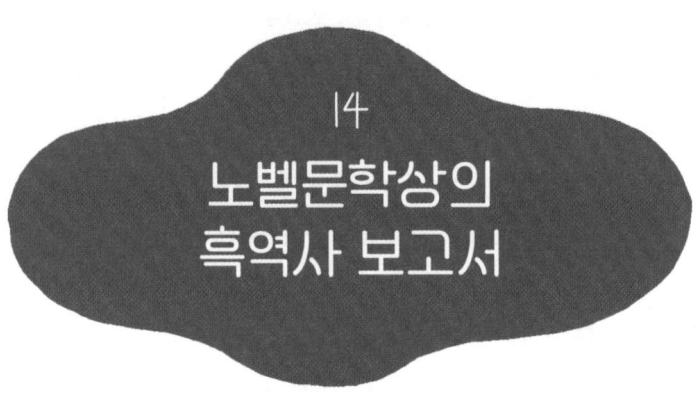

14
노벨문학상의
흑역사 보고서

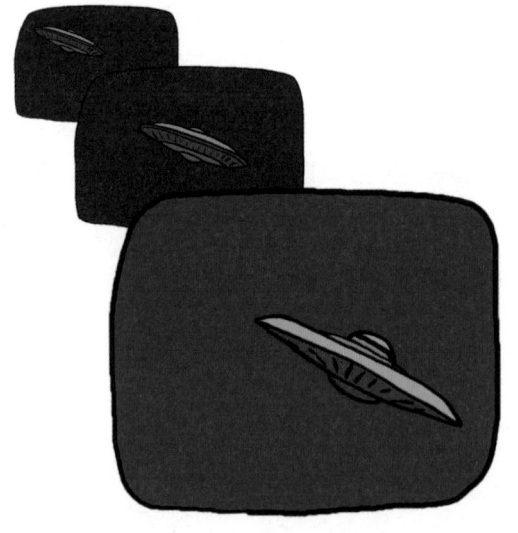

| 노벨문학상의 흑역사 보고서 |

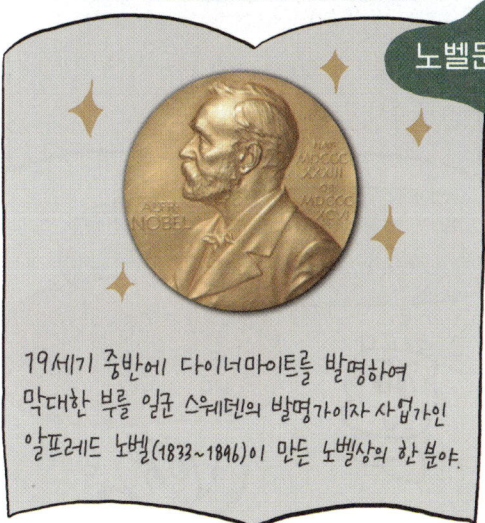

일설에 의하면 어느 날 노벨의 부고가 신문에 잘못 실렸는데, 노벨은 그 부고에서 자신이 '죽음의 상인'이라 불리는 것을 본다.

거기에 충격을 받은 노벨은 사후 이미지 관리를 위해 노벨상을 만들었다고 한다.

하지만 정확한 출처가 없으니 풍문인 듯…

노벨상 중에서 노벨문학상은 노벨의 유언에 따라 "이상적인 방향으로 가장 뛰어난 작품을 쓴 문학 분야의 작가"에게 주어진다.

그럼, 노벨문학상은 '작가'에게 주는 상이지 '작품'에 주는 상이 아니라는 거구나?

"무슨무슨 작품으로 노벨문학상을 받았다"라는 말은 잘못된 거네.

하지만 첫 노벨상 수상자는 이름도 생소한 프랑스의 시인 쉴리 프뤼돔이었다.

쉴리 프리돔 (1839~1907)

프랑스의 시인이자 철학자. 1865년 첫 시집 「구절과 시」를 발표했고, 1881년에는 아카데미 프랑세즈 회원으로 선출되었다.

 생소한 작가?

 쟁쟁한 후보가 많았다며?

그렇다면 당시의 대문호들은 명성에도 불구하고 왜 노벨문학상을 받지 못했을까? 두 사람의 사례를 살펴보자면…

1. 에밀 졸라 Emile Zola

2. 레오 톨스토이 Leo Tolstoy

에밀 졸라의 경우, 보수적인 노벨상 위원회가 그의 진보적 성향을 싫어했다고 하고

"제 의무는 말을 하는 것입니다. 저는 역사의 공범자가 되고 싶지 않습니다."

"그럼, 다른 대문호들은 왜 상을 받지 못한 거야?"

"그 이유가 바로 다음 쪽에 있어."

노벨 위원회는 "이상적인 방향으로"라고 되어 있는 노벨문학상에 대한 노벨의 유언을 참고하여, 조금 낙천적인 성향의 작가 위주로 선정했다고 한다. 그러니까 사회 비판적인 성향을 가졌던 입센이나 졸라 등은 노벨문학상을 받기 어려웠던 것.

"음… 알겠어. 하지만 수상자를 선정하는 건 심사위원의 재량이니까 이 정도를 가지고 '흑역사'라고 하는 건 조금 무리인 듯!"

"여기 봐봐. 이제부터 노벨문학상의 흑역사가 본격적으로 펼쳐진대."

노벨문학상 수상자 중에 나치에 부역한 사람이 있었으니…

노벨문학상의 흑역사(1)

크누트 함순 (1859~1952)

노르웨이의 소설가. 반사회적이고 도시 문명을 혐오하는 극단적인 개인주의자와 방랑자를 주인공으로 하는 소설을 썼다.

| 노벨문학상의 흑역사 보고서 |

크누트 함순은 가난하고 힘겨운 어린 시절을 보냈다. 십대 때부터 혼자 지내며 행상, 견습공, 점원, 막일꾼 등을 하며 살았는데

너무 안됐다…

그런 어려운 환경에서도 17세 때부터 글을 쓰기 시작했고 그 결과, 1890년에 자전적 소설인 『굶주림』을 발표하여 노르웨이뿐 아니라 세계적으로 이름을 알렸다.

→ 굶주림 (노르웨이어: Sult)

젊은 시절, 함순의 방랑생활을 바탕으로 한 자전적인 소설로 명작으로 평가받는 작품이다.

223

그의 작품들은 프란츠 카프카와 어니스트 헤밍웨이 등 후대의 여러 작가들에게 영향을 끼쳤다고 할 정도이며, 함순은 작품성을 인정받아 1920년, 노벨문학상을 수상했다.

그런데!

제2차 세계대전이 발발하면서 함순은 몰락의 길로 들어서고 만다.

함순은 노르웨이를 점령한 독일에 대해 이렇게 기사를 썼대.

"독일인들은 우리를 위해 싸운다."

게다가 나치 선동의 주범인 괴벨스와 어울렸고, 1945년 히틀러가 사망하자 그를 추모하기도 했다.

오, 위대하신 히틀러님아...

결국 함순은 제2차 세계대전 후, 반역 혐의로 체포되어 80대 후반의 나이에 정신병원에 갇히기도 했고

대체 왜 저러는지… 자꾸 나라 망신시키지 않게 정신병원에라도 보내야겠군.

재산의 대부분을 벌금으로 내는 바람에, 몇 년 후 세상을 뜰 때까지 가난과 불명예 속에서 살아야 했다.

『굶주림』으로 유명한 작가가 결국 굶주림으로 생을 마감했구나…

노벨문학상의 흑역사 (2)

자, 여기 '셀프 추천'과 '셀프 수상'에 빛나는 수상자들이 있었으니… 바로 1974년 노벨문학상 공동수상자인 에위빈드 욘손과 하뤼 마르틴손!

에위빈드 욘손 (1900~1976)

스웨덴의 소설가. 지적이고 구조적인 문체로 서민의 삶을 그렸으며, 실험적 작품인 『어둠의 도시』로 입지를 단단히 굳혔다. 『해변의 파도』, 『긴 생애』, 『햇빛과 같이 사라지다』 등을 썼다.

하뤼 마르틴손 (1904~1978)

스웨덴의 시인, 소설가. 노동자계급 출신으로는 처음으로 스웨덴아카데미의 회원으로 선출됐다. 대표작으로 자전적 소설 『쐐기풀 꽃이 필 때』, 장편시 『아니아라』 등이 있다.

공동 수상자 중 한 명인 하뤼 마르틴손은 비판과 냉대에 시달리다가 몇 년 후, 끔찍하게 자해를 해 스스로 목숨을 끊고 말았다.

노벨문학상 수상 작가 중에서 가장 충격적으로 생을 마감했다고 하네…

노벨문학상의 흑역사(3)

이번에 살펴볼 작가는 그 이름도 유명한 호르헤 루이스 보르헤스!

호르헤 루이스 보르헤스 (1899~1986)

아르헨티나의 시인이자 소설가, 수필가. 라틴아메리카 문학의 대작가이며, 라틴아메리카를 넘어 현대 세계 문학사에서 가장 영향력 있고 중요한 작가 중 한 사람.

보르헤스는 20세기를 대표하는 세계적 작가이지만, 노벨문학상 수상에는 결국 실패하였다.

아무래도 나에게 노벨상을 주지 않는 것이 스칸디나비아 전통인 것 같군요.

보르헤스가 노벨문학상을 받지 못한 건 그가 중도우익으로서 칠레의 독재자인 피노체트를 옹호한 전력 때문으로 짐작되는데….

피노체트가 누구지?

피노체트는 칠레의 전대통령이자 끔찍한 독재자, 학살자래. 피노체트의 독재 아래, 고문당한 사람이 수만 명에 이르고, 학살당하거나 실종된 사람도 수천 명이나 된대.

|노벨문학상의 흑역사 보고서|

하지만 2019년 수상자인 페터 한트케에게는 보르헤스에게 적용되었던 이 잣대가 철저히 무시되었다.

페터 한트케 (1942~)

오스트리아의 극작가이자 소설가, 시인. 기성 문학의 질서를 파괴하고 재창조하는 작품 활동으로 유럽의 권위 있는 문학상을 휩쓸었다. 희곡 「관객모독」으로 세계적 명성을 얻었고 「베를린 천사의 시」의 극본을 쓴 작가로도 유명하다. 그러나 논란에 휩싸이기도….

문학상을 휩쓸었지만 논란에 휩싸인 작가이기도 하대.

무슨 논란일까?

페터 한트케는 보스니아 내전에서 무슬림들을 잔혹하게 집단 학살한 독재자 밀로셰비치를 옹호하고 그의 장례식장에도 참석하였으며 직접 쓴 추도문을 읽었다.

밀로셰비치 (1941~2006)

'발칸의 도살자'라고 불리는 세르비아 공화국의 전임 대통령. 1992년에서 1995년까지 벌어진 보스니아 내전에서 인종학살을 자행했다.

그렇게 피터 한트케는 인종 학살을 자행한 독재자 밀로셰비치를 옹호했지만,

했지만?

피터 한트케는 노벨문학상을 수상했다.

— 이상 보고 끝.

그나저나, 우리도 문학상 하나 만들까? 우리 둘이 공동 수상 하고.

너 좀 전에 "셀프 추천, 셀프 수상" 이야기 보고도 그런 소리가 나오니?

그런데 말이야…. 우리가 노벨문학상 흑역사만 이야기해서 그렇지, 이건 극히 예외적인 경우야.

당연하지. 내가 바보 줄 알아?

• 작품 소개 •

인형의 집 Et dukkehjem

노르웨이 극작가 헨리크 입센이 1879년에 발표한 희곡으로 입센의 대표작이다. 변호사 헬메르의 아내인 노라는 세 아이의 어머니이며 남편과 사이도 좋다. 더구나 남편이 새해에 은행장으로 취임하게 되자, 기쁨으로 넘치는 크리스마스를 맞이하게 된다. 그러나 노라가 신혼 때 병에 걸린 남편을 살리고자 서명을 위조한 사실로 인해 노라의 삶에는 어둠이 드리운다. 그 일로 노라와 남편 사이에는 균열이 발생하고, 욕을 퍼붓고 비난하는 남편을 보며 노라는 깨닫는다. 지금까지 자신은 인형처럼 귀여움을 받은 데 불과한 존재였다는 것을. 남편의 위선적 태도에 실망한 노라는 마침내 '인형의 집'과도 같은 가정을 떠나기로 결심하고, 인형이 아닌 한 인간으로 살기 위해 집을 뛰쳐나간다.

이 작품이 19세기 유럽 사회의 가부장제와 여성의 지위 문제를 정면으로 다루면서 노라는 신여성의 대명사가 되었고, 여성해방 운동이 불타오르기 시작했다.

목로주점 L'Assommoir

1877년에 발표된 프랑스 작가 에밀 졸라의 대표적인 자연주의 소설이다. 자연주의 문학은 인생과 사회를 과학적 방법론에 따라 분석하고 관찰하며 자세히 묘사하는 문학 사조다. 세탁부로 살아가는 주인공 제르베즈를 중심으로 제르베즈와 그녀의 남편이 차츰 나락으로 향해 가는 과정을 통해 알코올 중독과 빈곤의 악순환에 빠진 19세기 프랑스 노동 계층의 참상을 사실적으로 묘사했다.

• 작품 소개 •

롤리타 Lolita

러시아 태생의 미국 작가 블라디미르 나보코프가 1955년에 발표한 소설. 이 소설에서 소아에게 이상성욕을 가지는 현상을 일컫는 '롤리타 콤플렉스'라는 말이 생겨났다. 이를 통해 짐작할 수 있듯『롤리타』는 중년 남성 험버트와 12세 소녀 롤리타의 금기된 관계를 다룬다. 험버트의 시점에서 롤리타에 대한 집착과 욕망을 그린 이 소설은 도덕적 논란을 거세게 불러일으켰다. 하지만 작가의 뛰어난 문체와 세밀한 심리 묘사, 미국 문화에 대한 풍자로 크게 주목받았으며, 예술과 윤리의 경계에 대해 진지한 질문을 던지는 책으로도 평가받는다.

굶주림 Sult

1890년에 발표된 크누트 함순의 데뷔작이다. 가난한 작가 지망생이 노르웨이의 도시 크리스티아니아(현재의 오슬로)에서 겪는 극도의 굶주림과 심리적 고통을 의식의 흐름 기법으로 묘사하며, 이성적 사고가 붕괴되는 과정을 생생하게 보여준다.『굶주림』은 20세기 모더니즘 문학에 큰 영향을 끼쳤다. 노벨문학상 수상자인 프랑스 작가 앙드레 지드는 이 작품을 읽고 이렇게 말했다. "독자는 이 야릇한 책을 한 장 한 장 넘긴다. 그리고 얼마 지나지 않아서 마음 기득히 피와 눈물이 솟구치는 것을 느낀다."

15
어처구니없이
죽은 작가들

비극이라… 비극이라고 하니, 첫 번째 이야기는 '고대 그리스 비극'으로 시작해 보자.

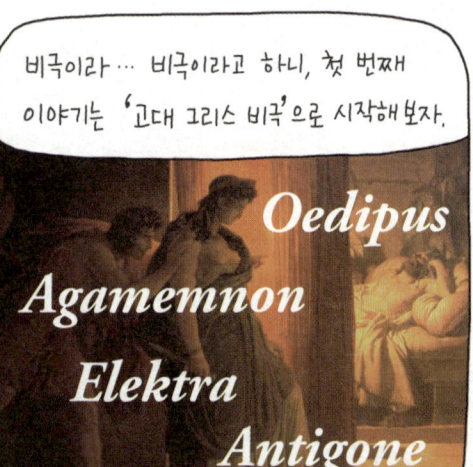

Oedipus
Agamemnon
Elektra
Antigone

비극

'고대 그리스 비극'은 라이브쇼로 진행된 연극 경연 대회로

당시 아테네 시민들은 고대 그리스 비극을 보며 신과 운명 앞에서 고군분투하는 나약한 인간의 모습과 역경을 이겨내는 영웅의 모습을 보며 울고 웃었고,

제우스의 반대편에 섰다가 전쟁에서 패한 뒤, 제우스에게서 세상을 짊어지는 가혹한 형벌을 받은 아틀라스

흑흑…

불쌍해…

독수리와 비슷한 그 새는 거북을 먹곤 하는데 잡은 거북을 바위에 떨어트려 껍질을 깨서 먹는 습성이 있다고.

저도 도구를 쓴다고요~

찡긋

그러니까 거북을 잡아 거북의 껍질을 깨트릴 적당한 바위를 찾던 새가 마침 지상에 있던 아이스퀼로스의 머리를 바위로 착각하고 거북을 그의 머리 위로 떨어트린 것이다.

이것 차암~
비극 작가다운
비극적인 죽음이라고
해야 하나....
참으로 비극이로다.

다음 소개할 작가는 테네시 윌리엄스.

사소한 것이 무섭다 : 사례1

테네시 윌리엄스? 처음 듣는 이름이다.

이 작가의 이름은 잘 모를 수 있지만 그가 쓴 작품 제목은 들어봤을 것이다.

엄청나게 유명하거든.

│어처구니없이 죽은 작가들│

테네시 윌리엄스는 『욕망이라는 이름의 전차』라는 희곡을 쓴 미국인 극작가로

Tennessee Williams

테네시 윌리엄스(1911~1983)
1947년에 발표한 『욕망이라는 이름의 전차』로 퓰리처상과 뉴욕 극비평가상을 수상하며 유진 오닐과 함께 최고의 미국 극작가로 불리게 되었다.

이 작품은 브로드웨이 무대에 올라 성공했고, 말론 브랜도와 비비언 리가 주연한 영화로도 유명해졌다.

그리고 테네시 윌리엄스는 퓰리처상을 두 번이나 수상하는 등 작가로서도 성공을 거머쥐었는데…

쉽다, 쉬워

하지만 그의 죽음은 허망하기 짝이 없었다.

테네시무룩

사소한 것이 무섭다 : 사례2

테네시 윌리엄처럼 사소한 원인 때문에 유명을 달리한 미국 작가가 한 명 더 있다. 헤밍웨이, 존 스타인벡 등의 작가에게 큰 영향을 끼친 작가, 셔우드 앤더슨.

셔우드 앤더슨(1876~1941)

구어체를 기본으로 한 솔직하고 소박한 문체로 미국 문학에 새로운 바람을 일으켰다. 대표작으로 산업화 시대의 인간 소외를 그려낸 연작단편소설집 『와인즈버그, 오하이오』가 있다.

Sherwood Anderson

1941년 3월, 셔우드 앤더슨은 아내와 함께 크루즈선을 타고 남미를 여행하고 있었는데

느닷없이 그에게 복통이 찾아왔다.

그리고 애석하게도 며칠 후 사망하고 말았는데 부검 결과, 몸속에서 이쑤시개가 발견되었다.

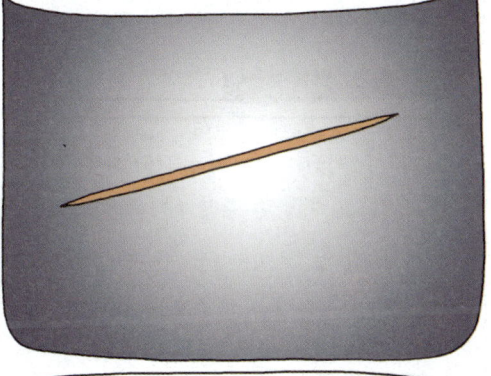

이쑤시개가 장기를 건드리는 바람에 복막염이 생겨 그만 사망에 이른 것이었다.

— 어처구니없이 죽은 작가들 —

경험주의자의 죽음

"아는 것이 힘이다."라는 말로 유명한 영국의 경험주의 철학자 프랜시스 베이컨.

Francis Bacon

프랜시스 베이컨(1561~1626)
근대 철학의 선두에 서서 과학 시대를 이끈 철학자. 귀납법에 기초한 지식 체계를 만들고자 했다. 기독교 사상만이 진리라고 하던 중세 철학에서 벗어나 과학적 지식을 중요하게 생각하고 경험을 강조했으며, 성경과 미신에 기죽어 있던 인간 이성을 회복시켰다.

베이컨은 정치가이자 철학자였으며, 여러 분야의 책을 쓴 유명 저자이기도 한데, 그가 쓴 책 중 『신기관』은 후대에 가장 영향력이 컸던 책으로 손꼽힌다.

신기관 Novum Organum
과학적 진리를 발견하려면 자연 현상에 대한 관찰과 실험을 바탕으로 귀납적 추론을 해야 한다고 역설한 책.

귀납적 추론이란? 구체적인 사실들을 모아서 이를 일반화하여 진리를 얻는 방법이랍니다.

過학적 진리를 발견하기 위해서는 관찰과 실험을 해야 한다는 말이 너무나 당연하게 들리겠지만 베이컨이 살던 때는 그렇지가 않았다.

정말 믿기지 않죠? 제가 예를 하나 들어볼게요.

아리스토텔레스는 무거운 물체와 가벼운 물체를 동시에 떨어트리면 무거운 물체가 먼저 땅에 닿는다고 말했었죠.

이후, 갈릴레오 갈릴레이가 피사의 사탑에서 무거운 물체와 가벼운 물체가 동시에 땅에 닿는다는 걸 증명해 보일 때까지 무려 2천 년 동안이나 사람들은 아리스토텔레스의 말을 그대로 외워서 앵무새처럼 따라만 했었답니다.

갈릴레오 갈릴레이

아리스토텔레스 선생님이 말씀하신 거니 맞겠지?

그럼! 말해 뭣해.

| 어처구니없이 죽은 작가들 |

247

1626년 이른 봄, 런던에서 지인과 함께 길을 가던 프랜시스 베이컨에게 문득 좋은 생각이 떠올랐다.

• 작가와 작품 소개 •

아가멤논 Agamemnon

🧑 트로이 전쟁에서 승리하고 귀환한 아가멤논의 이야기를 다룬 고대 그리스 극작가 아이스킬로스의 비극이다. 그리스군 총사령관인 아가멤논은 전쟁에서 승리하고 10년 만에 집으로 돌아오지만, 그는 아내와 아내의 정부에게 살해당한다. 아가멤논이 트로이 전쟁을 위해 출정하면서 딸 이피게네이아를 제물로 바쳤고, 이에 아내가 복수를 계획한 것이었다. 이 작품은 복수와 운명이라는 주제를 탐구하는데, 특히 인간의 오만함이 초래하는 파멸에 집중하며, 신들이 인간의 삶에 관여해서 생기는 긴장 관계를 보여준다. 「아가멤논」은 아이스킬로스가 쓴 '오레스테이아 3부작'의 첫 번째 작품으로, 이어지는 「제주를 바치는 여인들」과 「자비로운 여신들」과 함께 아트레우스 가문의 저주와 복수를 다룬다.

욕망이라는 이름의 전차 A Streetcar Named Desire

🧑 이 작품은 1947년에 테네시 윌리엄스가 발표한 희곡으로 주인공 블랑시가 뉴올리언스의 여동생 내외의 집에 머물면서 벌어지는 사건을 다룬다. 이 작품은 20세기 중반 미국 사회에서 욕망과 현실의 충돌을 통해 나타나는 인간 본성의 어두운 면을 탐구하며, 개인의 정신적 붕괴 과정을 섬세하게 그려낸다. 욕망과 광기에 사로잡히는 인간 실존의 비극성을 잘 포착한 작품이다. 이 희곡은 영화로 제작되어 더욱 유명해졌다. 영화에서 블랑시 역을 맡은 배우 비비언 리는 이 작품으로 아카데미 여우주연상을 받았다.

• 작가와 작품 소개 •

장미 가시에 찔려
죽었다고 알려진 시인 릴케

인생의 궁극적 의미를 찾는 시집 『두이노의 비가』 등을 통해 20세기 최고의 독일어권 시인으로 칭송받는 라이너 마리아 릴케. 릴케는 1926년 쉰한 살에 백혈병에 따른 합병증으로 사망했다.

릴케가 장미 가시에 찔려서 죽었다는 말이 있는데, 사실이 아니다. 실제로는 이미 백혈병에 걸려 면역력이 약해진 상태에서 장미 가시에 찔린 상처 등으로 인한 감염이 패혈증으로 발전해 사망에 이른 것이다. 하지만 이런 소문이 퍼진 까닭은 릴케가 그만큼 장미를 사랑해서일지도 모른다. 유난히 장미를 사랑해 '장미의 시인'이라 불리던 릴케. 그의 묘비명에도 장미가 등장한다.

스위스 라롱에 있는
라이너 마리아 릴케의 묘비

장미여, 오 순수한 모순이여, 기쁨이여,
  수많은 눈꺼풀 아래, 누구의 잠도 아닌 잠이여.

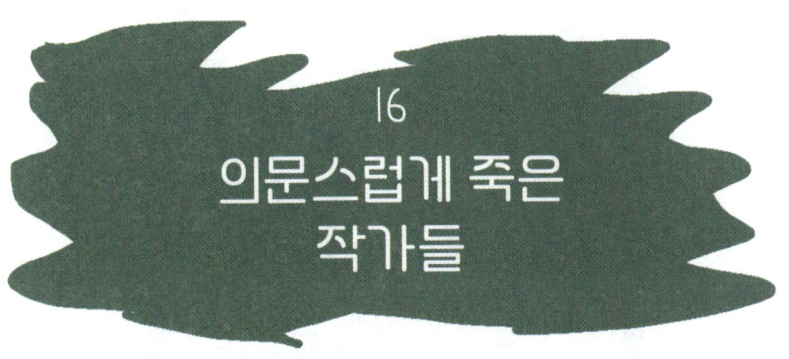

16
의문스럽게 죽은 작가들

에드거 앨런 포

인간의 비이성적인 광기를 으스스하게 그려낸 유명한 단편소설 「검은 고양이」를 쓴 미국의 작가, 에드거 앨런 포.

Edgar Allan Poe

에드거 앨런 포(1809~1849)
19세기 미국의 시인이자 소설가. 단편소설에 특히 뛰어났다. 1841년 『모르그가의 살인』을 발표하며 추리 문학의 문을 열었다.

한국에서는 추리소설의 아버지로 알려져 있지만, 사실 영미권에서는 가장 훌륭한 연애시로 손꼽히는 「애너벨 리」를 쓴 시인으로 유명하다.

달도 내가 아름다운 애너벨 리의 꿈을 꾸지 않으면 비치지 않네.
별도 내가 아름다운 애너벨 리의 빛나는 눈을 보지 않으면 떠오르지 않네.

「애너벨 리」는 병으로 아내를 잃은 포가 그녀를 애도하며 지은 비가이자 그의 마지막 시라고 해요.

그로부터 일주일 정도 지나고 포는 리치먼드와 뉴욕의 중간 정도에 위치한 메릴랜드주의 도시, 볼티모어에서 발견되었는데···.

남루한 차림에 정신이 혼미한 채로 한 선술집 근처에 쓰러져 있었다고 한다.

포는 병원으로 옮겨졌지만 며칠 후 세상을 떠났다. 그런데 이상한 일은 죽기 전날 밤, 거듭해서 "레이놀드~ 레이놀드~"하고 외쳤다는 것.

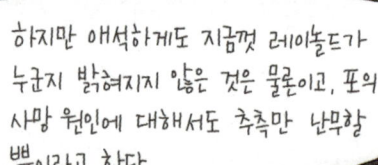

하지만 애석하게도 지금껏 레이놀드가 누군지 밝혀지지 않은 것은 물론이고, 포의 사망 원인에 대해서도 추측만 난무할 뿐이라고 한다.

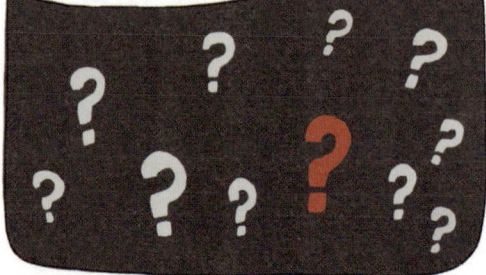

에밀 졸라는 62세이던 1902년 9월의 어느 날, 자택에서 자다가 세상을 떠났는데 공식적인 사망 원인은 일산화탄소 중독이었다.

에… 굴뚝 청소가 제대로 되지 않아 발생한 일산화탄소 중독사입니다. 굴뚝 청소가 제대로 되지 않으면 굴뚝이 막혀서 집 안에 일산화탄소가 축적될 수 있거든요.

그런데!

무려 50여 년이 흐른 후, 에밀 졸라의 죽음에 대해 지금까지와는 다른 주장이 제기되었다.

그게 뭐죠?

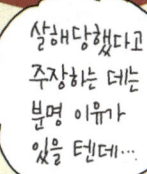

장 베델이라는 기자에 의하면 굴뚝 청소부가 고의로 굴뚝을 막아 에밀 졸라를 살해했을 가능성이 매우 높다고….

으흐흐흐…

하지만 혐의를 받는 굴뚝 청소부는 당시 이미 사망한 상태여서 공식적인 조사와 확인은 불가능했다.

당신이 정말 그런 짓을 저질렀나요?

죽은 자는 말이 없는 법이죠~

장 베델
Jean Bedel

만약 장 베델 기자의 말이 사실이라면 졸라는 왜 살해당한 것일까?

살해당했다고 주장하는 데는 분명 이유가 있을 텐데…

에밀 졸라가 살해당했다는 주장의 배경에는 세기적 인권탄압 사건인 드레퓌스 사건이 깊이 연관되어 있었다.

드레퓌스 사건
Dreyfus Affair

1789년, 프랑스혁명을 통해 자유와 인권의 가치를 세계만방에 떨쳤던 프랑스.

드레퓌스 사건이란?

하지만 백 년 후 프랑스는 드레퓌스 사건으로 전 국민이 반으로 분열되었고 그와 더불어 전 세계로부터 비난까지 사고 마는데….

민주주의 국가 맞아?

사건의 발단은 1894년 프랑스 주재 독일 대사관에서 프랑스군의 기밀 쪽지가 발견되면서부터다.

당시 프랑스는 1871년 보불전쟁에서 패배한 후라 군사력과 애국심을 중시하는 분위기가 팽배한 상태였다.

보불전쟁(프로이센-프랑스 전쟁)
1870년부터 1871년까지 에스파냐 국왕 선출 문제를 둘러싸고 프로이센과 프랑스가 벌인 전쟁. 프로이센이 크게 이겨 독일 통일을 이루었다.

그런 분위기 속에서 프랑스군은 스파이 색출을 무리하게 진행하였고, 마땅한 증거도 없이 유대계 프랑스군 대위인 알프레드 드레퓌스를 비밀 군사재판에 회부한다.

하지만 애석하게도 진짜 스파이는 군사 재판에서 무죄로 풀려났고, 군부를 지지하던 당시 대다수 언론 등의 동조로 인해 사건의 진실은 묻히고 만다.

그러던 중 1898년 1월, 에밀 졸라가 대통령에게 보내는 공개 편지 〈나는 고발한다〉를 작은 신문사를 통해 발표했고 이를 계기로 재심 요구의 물꼬가 트이는 대반전이 일어난다.

졸라가 파리의 일간지 『로로르』에 격문을 발표한 뒤 마르셀 프루스트, 클로드 모네 등의 예술가와 과학자, 교수들이 드레퓌스 사건 재심 청원서에 서명했고, 이에 힘입어 재심 운동이 불붙기 시작했다.

그리고 이로 인해 에밀 졸라는 재심을 반대하는 많은 프랑스인들로부터 엄청난 비난과 협박에 시달리는데….

앙리 드 그루, 〈모욕당하는 에밀 졸라〉, 1898, 개인소장

사람뿐 아니라 강아지까지 졸라를 비난하고 있네. 그림을 보니 당시의 분위기가 느껴진다.

결국 1906년, 우여곡절 끝에 드레퓌스 대위는 최고재판소에서 무죄임이 밝혀진다.

죄도 없이 억울하게 십여 년을 감옥에서 지내야 했던 드레퓌스

결과적으로 드레퓌스 사건은 행동하는 지식인, 에밀 졸라의 용기 덕분에 해결되었다고 해도 과언이 아니었다.

그런데!

시대의 양심, 에밀 졸라 덕분에 드레퓌스는 누명을 벗었으나 이로 말미암아 에밀 졸라가 반대파에 의해 죽임을 당했다는 암살설이 끊임없이 재기되고 있다.

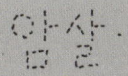

그러니까 에밀 졸라의 죽음은 사고사가 아니라 그의 행동에 반감을 가진 세력이 사주했을 가능성이 농후하다는 거네.

에밀 졸라의 양심선언은 세계의 지식인들로부터 지지를 받았는데, 그를 지지한 사람에는 미국의 유명 작가 마크 트웨인도 있었다.

마크 트웨인의 놀라운 예언

Mark Twain

마크 트웨인(1835~1910)

『톰 소여의 모험』, 『허클베리 핀의 모험』 등 미시시피강을 배경으로 한 자전적 소설로 유명한 미국 작가.

― 의문스럽게 죽은 작가들 ―

그런데 이 마크 트웨인의 죽음도 미스터리한 구석이 물씬 풍기는데, 마크 트웨인의 죽음은 특이하게도 사망 원인이 아니라 사망 시점에 의문이 제기되고 있다.

사망 시점이 미스터리적이라고?

마크 트웨인은 1835년 11월 30일에 태어났는데 76년을 주기로 지구에 찾아오는 핼리 혜성이 찾아온 바로 그 해였다.

핼리 혜성은 그해 8월 말부터 11월까지 지구에서 보였다고 한다.

마크 트웨인의 전기에 따르면, 그는 1909년에 다음과 같이 말했다고 한다.

나는 1835년에 핼리 혜성과 함께 왔네. 내년에 핼리 혜성이 다시 오는데, 나도 함께 따라가고 싶군. 함께 가지 못한다면 실망이 이만저만이 아닐 거라네.

• 작품 소개 •

검은 고양이
The Black Cat

애드거 앨런 포의 이 단편소설은 익명의 화자가 범죄를 자백하는 형식으로 전개된다. 어릴 때부터 동물을 사랑하던 화자는 결혼 후 점차 알코올 중독에 빠지면서 성격이 변하기 시작하고, 결국 자기를 잘 따르던 검은 고양이 플루토를 나무에 매달아 죽이고 만다. 얼마 뒤 플루토와 닮은 또 다른 검은 고양이가 나타나 주인공을 따라다니기 시작하는데, 화자는 이 고양이가 거슬린다. 그러면서 화자는 점점 더 술에 의지하고, 결국 아내를 살해해서는 시체를 지하실 벽 안에 숨긴다. 경찰이 집안을 수색하던 때, 벽에서 고양이의 울음소리가 들리고 경찰이 벽을 허물자 아내의 시체와 함께 살아 있는 검은 고양이가 발견된다.

애드거 앨런 포

초자연적 요소를 최소화하고 인간 내면의 공포와 광기를 효과적으로 묘사하고 있는 이 작품은 인간의 어두운 내면을 탐구하는 공포 이야기로 죄책감이 어떻게 인간을 파멸로 이끄는지를 잘 보여준다.

• 작품 소개 •

톰 소여의 모험
The Adventures of Tom Sawyer

마크 트웨인이 1876년에 발표한 장편소설로 19세기 미국 미시시피강 유역의 작은 마을을 배경으로 톰 소여라는 소년의 모험을 그린다. 톰은 이모 폴리, 동생 시드와 함께 사는 말썽꾸러기 소년으로 잔꾀를 부려 자기가 할 일을 남에게 시키기도 하고, 살인사건의 목격자가 되어 무고한 사람을 구하는 등 용기 있는 행동을 하기도 한다.

『톰 소여의 모험』은 장난꾸러기 톰과 친구들의 다양한 이야기를 통해 어린이의 상상력과 탐구심을 자극하며, 어린이에게 성장과 용기, 우정 등의 가치를 전하는 아동문학의 걸작으로 평가받고 있다. 마크 트웨인은 이 작품을 통해 당시 미국 사회의 문제점, 특히 인종차별과 노예제도 등 사회의 부조리한 모습을 비판적으로 다루고 있다. 『톰 소여의 모험』은 어린이부터 성인까지 폭넓게 사랑받는 작품으로 유머와 풍자가 빛나는 미국 문학의 고전이다.

마크 트웨인

17
죽느냐 쓰느냐, 그것이 문제로다

> 죽느냐 사느냐, 그것이 문제로다.
> To be, or not to be, that is the question.

우리에게 너무나 유명한 이 구절은 윌리엄 셰익스피어의 희곡 『햄릿』 3막 1장에 나온다.

Hamlet

『햄릿』을 포함해 『맥베스』 『리어왕』 『오셀로』를 가리켜 **셰익스피어의 4대 비극**이라고 하죠.

햄릿은 세르반테스의 돈키호테만큼이나 유명하여 인간의 성격 유형을 말할 때 '돈키호테형'과 '햄릿형'으로 나누기도 한다.

돈키호테 (과감, 저돌)

햄릿 (우유부단)

자, 그렇다면 햄릿 왕자는 어째서 "죽느냐 사느냐, 그것이 문제로다"라는 말을 한 걸까? 그리고 이후 그의 운명은 어떻게 되었을까?

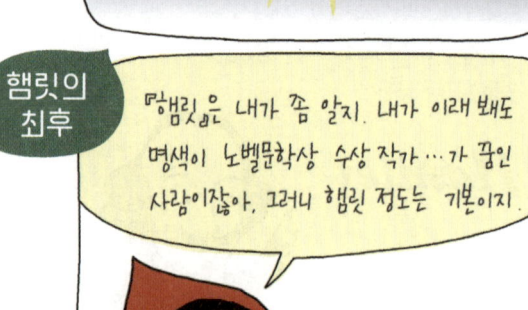

햄릿의 최후

『햄릿』은 내가 좀 알지. 내가 이래 봬도 명색이 노벨문학상 수상 작가…가 꿈인 사람이잖아. 그러니 햄릿 정도는 기본이지.

그러니까 어떻게 된 거냐면…

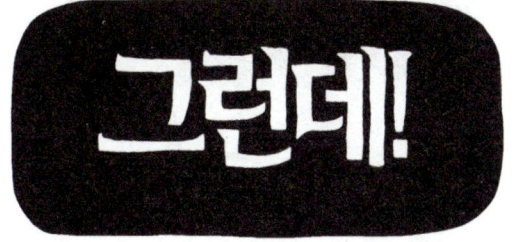

죽느냐 사느냐, 그것이 문제라고 고민하는 걱정 많은 성격 때문에 사람들은 햄릿이 허망한 최후를 맞았겠거니 여기기 쉽지만

범죄가 발각된 것을 안 숙부의 계략에 빠져 살해당하기 직전, 햄릿은 최후의 반격으로 숙부를 죽여 원수를 갚는 데 성공한다.

사마천에게 생긴 일

영국에서 『햄릿』이 발표되기 약 1700여 년 전, 중국에서는 역사가인 사마천이 이런 고뇌에 휩싸여 있었다.

죽느냐 쓰느냐, 그것이 문제로다.

후대에 '역사의 아버지'라고 불리게 되는 위대한 역사가, 사마천. 그는 누구이며 그에게 무슨 일이 있었던 걸까?

중국의 한나라(漢) 사람인 사마천은 7대 황제인 한무제 밑에서 벼슬을 했는데,

漢武帝

한무제
(재위: BC. 141~BC. 87)

중국 한나라의 제7대 황제로 한왕조의 최대 부흥을 이룩했다. 중앙집권체제를 완성했고, 동양과 서양을 이어주는 비단길을 개척했다.

사마천은 역사 기록을 담당하는 사관이었다.

"史官"

그런데!

—죽느냐 쓰느냐, 그것이 문제로다—

47살 무렵(기원전 99년), 사마천은 '이릉'이라는 장수를 변호하다가 한무제의 심기를 거스른다.

비록 이릉이 패배하고 투항하였지만 그간 그가 세운 공을 생각하시어…

충심에서 우러난 말이었지만, 그의 직언에 한무제의 분노는 극에 달하였고

아이고, 저런 입바른 소리를 하다니 목숨이 열 개라도 부지하기 힘들지….

부들부들   부들부들

한무제는 결국 사마천에게 사형을 선고한다.

죽여라

사마천의 고뇌와 선택

그런데 당시에는 사형을 선고 받은 죄인이 사형을 면할 방법이 있었으니…

두 가지 중 하나를 고르세요.

1
엄청난 액수의 금전 바치기

50만 전

2
궁형으로 대신하기

거세 형벌

돈이 없던 사마천은 살기 위해 결국 궁형을 선택한다.

죽음보다 더 잔인한 치욕의 형벌, 궁형

궁형은 가장 수치스러운 형벌이라 궁형을 당하느니 다들 자결을 선택하지.

그런데 당시의 의술로 볼때, 사십 대 후반에 궁형을 당하는 건 매우 위험한 일이었다. 감염 때문에 죽을 가능성이 높기 때문이었다.

명예는 명예대로 더럽히고 그렇다고 목숨도 장담할 수 없는 극한 상황!

결연...

인간 탐구의 끝판왕

史記

『사기』는 중국의 전설시대부터 한무제의 집권 초기(BC. 122)까지 3천여 년의 역사를 저술한 책으로 중국뿐 아니라 전 세계의 역사서 가운데 가장 중요한 책 중 하나다.

『사기』는 제왕의 연대기를 다룬 「본기」등을 포함해 모두 다섯 부분으로 이루어지는데, 그중 다종다양한 인물들의 활약상을 담은 「열전」이 특히 주목을 끈다.

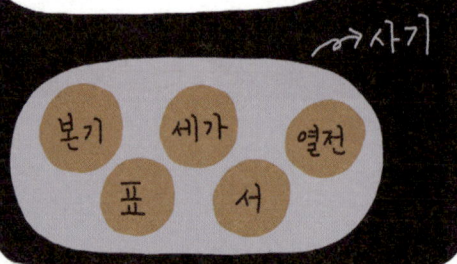

• 작품 소개 •

셰익스피어의 4대 비극

셰익스피어가 쓴 네 편의 희곡 『햄릿』, 『리어왕』, 『오셀로』, 『맥베스』를 가리킨다.

『햄릿』은 덴마크 왕자의 복수극이다. 아버지를 살해하고 왕위를 찬탈한 숙부에게 복수하는 햄릿의 실존적 고뇌가 핵심이다. 4대 비극 중 가장 깊은 철학적 사색을 담고 있다.

『리어왕』은 늙은 왕의 오만으로 인한 몰락을 그린다. 왕위를 자식들에게 나눠주면서 시작되는 비극으로, 인간의 어리석음으로 인한 파멸을 처절하게 보여준다. 폭풍우를 맞으며 황야에서 절규하는 리어왕의 고통과 광기는 4대 비극 중에서도 단연 돋보인다.

『오셀로』는 질투와 의심이 초래한 비극이다. 장군 오셀로가 부하의 간계로 아내 데스데모나를 의심하게 되면서 맞이하는 파국을 그린다. 가장 사적이고 심리적인 비극으로, 인종 문제도 다룬다.

『맥베스』는 야망과 권력욕이 부른 비극이다. 마녀들의 예언을 듣고 왕위에 오른 맥베스와 그의 아내가 양심의 가책으로 몰락하는 과정을 그린다. 마녀와 유령 등 초자연적 요소도 담겨 있다.

셰익스피어의 4대 비극은 시공간을 초월하여 인간의 보편적 본성을 다루고 있어 현대 독자들에게도 여전히 큰 사랑을 받고 있다.

• 작품 소개 •

『사기열전』 속의 「백이열전」과 「자객열전」

「백이열전」은 『사기열전』의 첫 번째 편인데, 사마천이 자기 인생을 투영한 것으로 보인다. 백이伯夷와 숙제叔齊는 은나라가 멸망하자 주나라에 귀순하지 않고 수양산에 들어가 고사리를 캐어 먹으며 절개를 지킨 인물이다. 사마천은 이런 지사의 삶을 통해 자신의 불우한 처지와 역사가의 소명을 빗대어 표현했다.

「자객열전」은 다섯 명의 자객에 관한 이야기다. 특히 진시황 암살을 시도한 자객 형가荊軻의 이야기가 가장 유명하다. 형가는 연나라 태자의 부탁을 받고 진나라에 들어가 진시황을 암살하려 한다. 독이 묻은 단검을 지도 속에 숨기고 진시황에게 접근하지만, 결정적 순간에 정체가 드러나 죽음을 맞는다. 의롭다고 믿는 일에 뛰어드는 용기와 운명에 맞서는 한 인간의 비장함을 극적으로 그려낸다.

18
『왕오천축국전』의 파란만장한 운명

21세기 들어 대한민국의 한류 K문화가 전 세계를 뒤흔들고 있다.

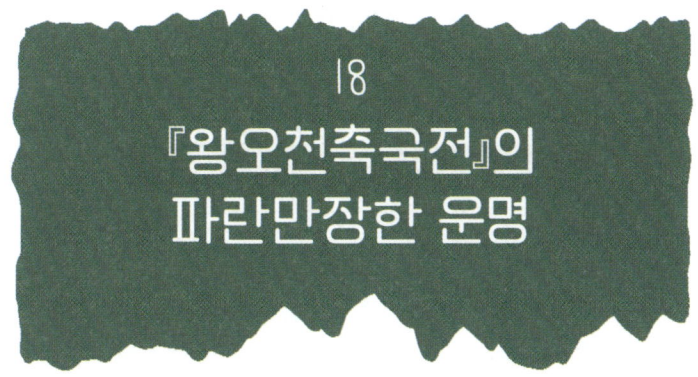

BTS 등 K팝 열풍

〈기생충〉〈오징어 게임〉 등 한국 영상물의 인기

김치, 비빔밥 등 한국 음식에 대한 관심

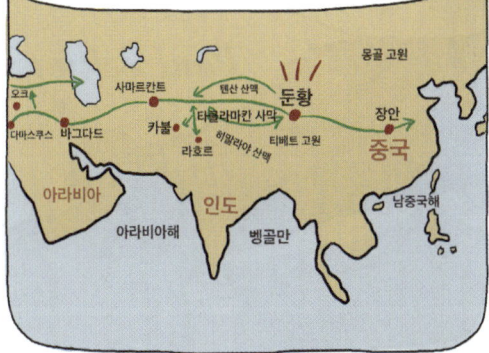

고문서 더미에서 발견한 보물

「왕오천축국전」의 파란만장한 운명

「왕오천축국전」의 파란만장한 운명

막고굴에서 발견된 『왕오천축국전』 필사본

291

1908년 『왕오천축국전』은 다른 고문서들과 함께 프랑스 파리에 있는 프랑스국립도서관으로 옮겨졌다.

프랑스국립도서관 열람실

그리고 이듬해인 1909년, 공식적으로 『왕오천축국전』은 세상에 존재를 드러냈다.

나, 왕오천축국전

『왕오천축국전』은 어떤 책?

그렇다면 『왕오천축국전』은 어떤 책일까? 어떤 책이기에 폴 펠리오가 이 책을 찾아내고 그렇게 기뻐한 것일까?

책이 책이지 뭐 별 다를게 있을라고…?

아닌가?

『왕오천축국전』은 7세기에 쓰인 『대당서역기』, 13세기에 쓰인 『동방견문록』, 14세기에 쓰인 『이븐 바투타 여행기』 등과 함께 세계 대표 여행기로 손꼽힌다.

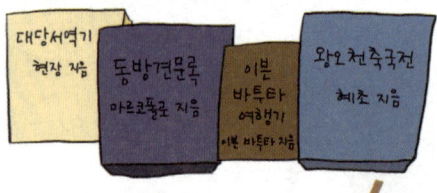

특히, 8세기 인도와 중앙아시아 지역의 문화와 생활이 담긴 기록으로는 『왕오천축국전』이 세계에서 유일!

혜초는 신라인

그런데 기록에 의해 혜초가 『왕오천축국전』의 저자라는 것은 익히 알려져 있었지만, 오랫동안 중국 당나라 사람으로 여겨졌다.

「왕오천축국전」의 파란만장한 운명

1915년, 다카쿠스 준지로(高楠順次郎)는 『대종조증사공대판정광지삼장화상표제집』이라는 책에서 '불공'이라는 승려가 남긴 유서의 내용을 확인했는데, 이 책에 다음과 같은 구절이 있었던 것.

> 내가 지금껏 30여 년 동안 (…)
> 여러 제자를 두었다 (…)
> 신라의 혜초 (…)

지금까지 살펴봤듯이 『왕오천축국전』은 실로 글로벌한 속성들의 결정판이다.

- 책이 발견된 장소: 중국 둔황
- 저자의 국적: 통일신라
- 저자의 국적 확인자: 일본인
- 저자가 여행한 곳: 인도와 페르시아
- 책이 소장된 곳: 프랑스 파리

GLOBAL

> 새로운 움직임

그래, 『왕오천축국전』이 글로벌한 건 알겠어. 그리고 뭐, 신라인이 썼다고 해도 천 년도 더 된 데다 프랑스인이 중국인에게 돈 주고 사간 거니까 불법으로 취득한 것도 아니지. 하지만 『외규장각의궤』는 약탈해 간 거니까 되돌려줘야 하는 거 아냐?

못마땅

그렇다.

프랑스 국립도서관은 『왕오천축국전』뿐 아니라 고려 시대에 발간된 세계 최초 금속활자본인 『직지심체요절』 및 조선 시대의 『외규장각의궤』까지 소장하고 있었던 것이다.

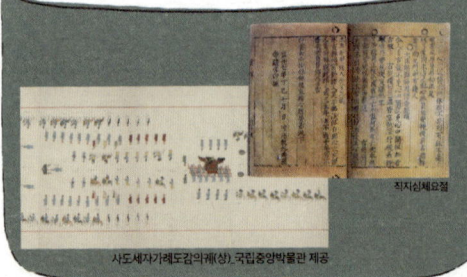

사도세자가례도감의궤(상), 국립중앙박물관 제공 / 직지심체요절

그중에서 『외규장각의궤』는 강화도의 외규장각에 보관되어 있던 것을 1866년 병인양요 때 프랑스군이 약탈해서 프랑스로 가져간 것으로

이거 아주 귀한 거 같은데?

의궤: 조선 시대에 왕실이나 국가 주요 행사의 내용을 글과 그림으로 기획한 책

이후 대한민국 정부가 꾸준히 반환을 요구한 결과 2011년, 5년 단위 임대 방식으로 반환되어 현재 국립중앙박물관에 소장되어 있다.

효종국장도감의궤(상)

생각해 보니, 글로벌하다고 다 좋은 건 아닌 것 같아. 자기 것을 온전히 지킬 수 있어야지 글로벌도 의미가 있는 거겠지…

「왕오천축국전」의 파란만장한 운명

· 작품 소개 ·

동방견문록 Il Milione, 東方見聞錄

13세기 베네치아 상인 마르코폴로가 중국 원나라를 중심으로 아시아를 여행하며 쓴 여행기다. 20년 남짓 아시아 지역을 여행하며 관찰한 아시아의 문화, 풍습, 지리, 사회를 상세히 기록했다. 당시 유럽인들에게 미지의 세계였던 아시아에 대해 처음으로 소개했으며, 실크로드와 중국, 페르시아 등에 대한 생생한 정보를 제공했다. 근래에는 마르코폴로가 실제로 여행을 하면서 썼는지에 관해 의문이 제기되어 논란이 된 적이 있다.

이븐 바투타 여행기 Rihla

14세기 모로코 출신의 학자 이븐 바투타가 30여 년 동안 아프리카, 중동, 아시아, 동남아시아 등 수십 개 나라를 여행하며 쓴 기행문이다. 당시 이슬람 세계의 다양한 문화와 사회 상황을 생생하게 기록했다. 이븐 바투타가 무역로와 순례길을 따라 여행하며 만난 지역의 풍습, 정치, 종교, 사회상이 상세히 기록되어 있어 중세 이슬람 세계의 문화와 지리를 이해하는 중요한 자료로 평가받는다.

• 작품 소개 •

직지심체요절 直指心體要節

현존하는 세계 최고(最古)의 금속활자본으로 유네스코 세계기록유산이다. 불교 선종의 가르침을 담고 있는 책으로 '직지심체'는 '사람의 마음이 곧 부처의 마음임을 깨닫는다'는 뜻이다. 고려 승려 경한(景閑)이 1372년에 저술했고, 1377년에 흥덕사에서 금속활자로 인쇄되었다. 이는 독일 구텐베르크의 성서 인쇄본(1455년)보다 무려 70여 년이나 앞선 것이어서 한국의 과학기술과 문화의 위대함을 보여주는 중요한 문화재다.

『직지심체요절』은 상하 두 권으로 이루어졌는데, 현재 하권만이 프랑스 국립도서관에 소장되어 있다. 이 책은 고종 때 조선에 근무하던 프랑스 공사가 사들여 나중에 프랑스의 한 골동품 수집가에게 넘겨졌고, 그의 사후 프랑스 국립도서관에 기증되었다. 약탈당한 『외규장각의궤』와 달리 프랑스인이 사들여서 가져간 문화재여서 반환 요청에 어려움이 따른다.

19
아니, 그 작가가
스파이였다고?

탕!!!!!

🎵 따랏다다~ 따랏다다~ 🎶

20세기 중반에 등장해서 지금까지도 첩보 시리즈의 왕좌에 올라 있는 '007 시리즈'.

ㅡ아니, 그 작가가 스파이였다고?ㅡ

첩보원 제임스 본드의 활약에 전 세계인들이 반세기 넘게 열광해 왔는데 '007 시리즈'는 우리에게 주로 '영화'로 알려져 있지만, 원작은 연작 소설이다.

그런데 실제로 이 소설의 작가도 첩보원 출신이었다는데……

그게 정말이야?

'007 시리즈'의 작가는 영국 출신 소설가 이언 플레밍

제임스 본드의 창조자와 모델

Ian Fleming

이언 플레밍(1908~1964)

영국의 기자이자 소설가. 흥행에 대성공한 영화 '007 시리즈'의 원작 소설을 쓴 작가로 제임스 본드를 탄생시킨 장본인이다.

―아니, 그 작가가 스파이였다고?―

그럼, 스파이처럼 어디 침투해서 총도 쏘고 비행기에서 낙하산 타고 막 떨어지고 그런 거죠?

헤헤…

그…그건 아니고 그냥 책상에 앉아서 작전 짜고 요원들에게 지시만 내렸어요.

직접 스파이로 활동한 건 아니지만 이언 플레밍은 영국 해군 정보국에서 일하며 알게 된 첩보원들에게서 영향을 받고, 그들을 모델로 '007 시리즈'의 주인공인 제임스 본드를 창조했던 것.

내 이름은 본드, 제임스 본드.

My name is Bond, James Bond.

이언 플레밍이 '제임스 본드'의 모델로 삼은 첩보원들 중 '패트릭 댈즐-조브'라는 소령이 있었는데,

Patrick Dalzel-Job

물론 있다. 우리에게 잘 알려진 너무나도 유명한 소설가, 어니스트 헤밍웨이가 바로 그 주인공!

Ernest Hemingway

어니스트 헤밍웨이(1899~1961)
미국의 소설가로 1954년에 노벨문학상을, 1953년에는 퓰리처상을 받았다. 대표작으로 『노인과 바다』 『무기여 잘 있거라』 『누구를 위하여 종은 울리나』 등이 있다.

그런데 전 세계적으로 유명인사였던 그가 왜 난데없이 스파이로 활동했을까?

흠... 소설에 과몰입해서 살던 사람이라 스파이활동도 소설 속 이야기처럼 여긴 걸까? 그래서 위험하다고 느끼지 못한 거 아닐까?

자, 그렇다면 헤밍웨이가 어떻게 스파이의 세계에 발을 들였는지 살펴보자.

궁금하니?

SPY

306

먼저, 그는 1936년에서 1939년까지 벌어진 스페인 내전에 종군기자로 참여했다.

스페인 내전(1936~1939)
1936년 2월, 스페인 총선거에서 인민전선 내각이 성립되자 이에 반대한 군부가 반란을 일으켜 일어난 내전. 20세기 가장 중요한 사건 중 하나다.

—아니, 그 작가가 스파이였다고?—

당시 좌우 대립의 격전장이었던 스페인 내전. 이 전쟁은 세계의 많은 좌파 지식인들이 자원해서 참전한 것으로도 유명하다.

앙투안 드 생텍쥐페리
『어린 왕자』『야간 비행』

조지 오웰
『1984』『동물 농장』

여기서 헤밍웨이는 소련의 정보 요원과 접촉하게 된다. 군사 관련 정보 취재차 NKVD라는 정보기관(KGB의 전신)의 요원과 만난 것인데,

뭐 좋은 정보 좀 없수?

속닥속닥

응?

거기서 알게 된 내용을 바탕으로 그 유명한 『누구를 위하여 종은 울리나』를 썼다고 한다.

누구를 위하여 종은 울리나
For Whom The Bell Tolls

스페인 내전을 배경으로 한 소설로 헤밍웨이의 소설 중 가장 방대하다. 자신이 체험하고 취재한 전쟁의 잔혹함이 생생하게 묘사되어 있다.

이후 헤밍웨이는 소련의 첩보원으로 활약하겠다고 큰소리만 쳐놓고 십 년 동안 제대로 된 첩보 활동은 하지도 않았다고.

뭐야… 그냥 소설 쓰는 데 도움을 얻으려고 첩보원 이용해 먹은 거 아냐?

첩보원으로 활동하겠다고 소련의 정보기관에다 약속만 해놓고 하세월을 보낸 헤밍웨이. 그런데 어처구니없게도 진짜 첩보 활동은 제2차 세계대전 때 미국 정보기관을 위해 했는데….

어쨌든 본격 첩보 활동(?)에 돌입하고

뭐냐, 정말… 소련 첩보원으로 활약하겠다며.

—아니, 그 작가가 스파이 였다고?—

하지만 헤밍웨이는 낙담하지 않고, 본인의 보트에 장비를 장착해 쿠바 해안으로 나갔다. 추축국의 선박과 U보트의 출현을 감시하는 수색 정찰 활동에 나선 것이다.

U보트 썩 나오라고! 너를 잡아내서 내가 진정한 첩보원이라는 걸 증명하겠어!

유보트(U-Boat)는 제1, 2차 세계대전 때 사용된 독일의 잠수함.

그런데!

1980년대에 비밀 해제된 FBI의 문서에 의하면 FBI가 헤밍웨이를 감시한 건 사실이라고 한다.

—아니, 그 작가가 스파이였다고?—

"것 봐, 내 말이 맞지? 망상증 아니라고!"

"FBI의 감시를 받은 건 사실 맞네."

스파이로 활동한 건 아니고, 반대로 스파이에게 죽임을 당했다는 이야기가 나돌았던 유명 작가가 있다. 바로 『이방인』의 작가 알베르 카뮈다.

Albert Camus

알베르 카뮈(1913~1960)

프랑스의 철학자, 작가, 신문 기자. 인생의 부조리에 대해 치열하게 고민했으며 1957년, 43세의 나이로 노벨문학상을 받았다.

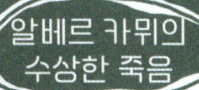

알베르 카뮈의 수상한 죽음

1960년 1월 4일, 카뮈는 46세의 나이로 세상을 떠났다. 시골 별장에서 연말을 보내고 자동차를 타고 파리로 돌아가는 길에 차가 빙판길에서 미끄러졌고, 그러다 나무와 충돌하는 바람에 현장에서 사망한 것이었다.

그런데!

이탈리아의 작가, 지오반니 카텔리의 주장에 따르면 카뮈의 죽음의 배후에는 소련 KGB가 있다고 하는데···

―아니, 그 작가가 스파이였다고?―

알베르 카뮈는 『이방인』으로 유명하고, 『이방인』은 첫 문장으로 매우 유명해요. 이방인의 첫 문장을 함께 보면서 이번 화를 마무리할게요.

> Aujourd'hui, maman est mort.
> Ou peut-être hier, je ne sais pas.
>
> 오늘 엄마가 죽었다. 아니 어쩌면 어제, 잘 모르겠다.

L'Étranger

• 작품 소개 •

누구를 위하여 종은 울리나
For Whom the Bell Tolls

헤밍웨이가 스페인 내전을 배경으로 쓴 장편소설로, 1940년에 출간되었다. 미국의 젊은 대학 교수 로버트 조던이 스페인 내전에 의용군으로 참전하는 내용이다. 조던은 파시스트에 저항하는 게릴라 부대에 합류하여 다리 폭파 임무를 맡는다. 그 과정에서 마리아와 사랑에 빠진 조던은 임무를 완수하지만 결국 죽음을 맞이하고 만다. 전쟁의 참혹함과 진정한 사랑 그리고 자유를 위한 연대 의식을 보여주는 작품이다.

노인과 바다
The Old Man and the Sea

헤밍웨이가 1952년에 발표한 중편소설이다. 쿠바의 늙은 어부 산티아고가 바다에서 거대한 청새치와 84일 동안 벌이는 벅찬 생존 투쟁을 담아낸다. 인간과 자연의 대결, 인간의 의지와 존엄성을 상징적으로 표현했다. 간결미와 함축성이 뛰어난 문체로 인간의 의지와 고독 그리고 자연의 위대함을 극적으로 그렸다. 세계적으로 널리 알려진 헤밍웨이의 대표작으로, 헤밍웨이는 1953년에 『노인과 바다』로 퓰리처상을 수상했다. 그리고 그다음 해인 1954년에 헤밍웨이는 평생에 걸친 작품 활동에 대한 공로를 인정받아 노벨문학상을 수상했다.

• 작품 소개 •

이방인 L'Étranger

알베르 카뮈가 프랑스 식민지인 알제리를 배경으로 쓴 실존주의 소설로 1942년에 출간되었다. 주인공 뫼르소는 어머니의 장례식에서 슬퍼하는 기색 없이 무감각한 태도를 보이고, 장례식 다음 날 여자친구와 해변에서 데이트를 즐긴다. 그러다 우연한 사건으로 아랍인을 살해하고 재판을 받는다. 소설은 두 부분으로 이루어지는데, 1부는 뫼르소의 일상생활과 살인사건을, 2부는 그의 재판 과정을 다룬다. 뫼르소의 재판 과정은 부조리의 정점을 보여준다. 카뮈는 뫼르소의 범죄보다는 어머니의 장례식에서 보인 태도가 더 중요하게 다뤄지는 모습을 통해 사회 제도의 부조리를 날카롭게 비판한다. 자기 삶에 무감각한 태도를 보이며 결국 죽음을 맞는 주인공의 삶을 통해 인간 존재의 무의미함과 세계의 비합리성 사이의 충돌을 나타내는 작품이다.

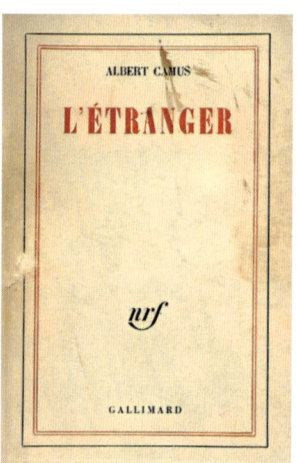

1942년에 출간된 『이방인』(1942년)의 초판 표지

20
전쟁의 불길 속에서 탄생한 작품들

전쟁은 인간의 삶을 끔찍한 비극으로 몰아넣지만 인간은 그에 굴하지 않고 그 소용돌이 속에서도 위대한 작품을 내놓는다.

"전쟁 속에서 태어난 위대한 문학 작품"이라고 하면 떠오르는 작품이 몇 있는데 우선, 이 책에 대해 이야기해보자.

우리나라 사람치고 이순신 장군이나 『난중일기』를 모르는 사람은 없을 것이다. 하지만 우리가 이순신 장군과 『난중일기』에 대해 오해하거나 잘 모르는 사실도 꽤 있으니……

오해는 정말 싫어, 싫어~

이순신과 『난중일기』에 관해 우리가 잘 모르는 네 가지 ①

첫째, '난중일기'는 원래 제목이 아니다.

『난중일기』는 "전란 중에 쓴 일기"라는 뜻으로

임진왜란이 발발한 1592년부터 이순신 장군이 사망한 해인 1598년까지 쓰였는데, 원래 이순신 장군이 쓴 일기는 일기를 쓴 해의 이름을 따 『임진일기』, 『계사일기』, 『을미일기』 등의 제목이 붙어 있었다.

이 일기는 임진년에 썼으니 『임진일기』라고 제목을 붙이자.

|전쟁의 불길 속에서 탄생한 작품들|

그렇다면 '난중일기'라는 제목은 어떻게 해서 붙은 걸까?

충무공 이순신이 사망하고 200년쯤 후, 정조는 규장각 각신들을 시켜 『이충무공전서』를 편집하게 하는데 '난중일기'라는 제목은 이때 붙여졌다.

← 『이충무공전서』
李忠武公全書

『이충무공전서』는 이순신이 직접 지은 글과 제3자가 이순신을 위해 또는 이순신에 대해 쓴 글로 이루어져 있다. 총 8권, 12장이며, 5~8장에 『난중일기』가 실려 있다.

321

이순신과 『난중일기』에 관해 우리가 잘 모르는 네 가지 ②

둘째, 이순신 장군은 점을 자주 쳤다.

정말?

占

우리에게 이순신 장군은 다음과 같은 이미지로 다가온다.

웅장하고 든든한 구국 영웅의 모습

강인하고 지략이 뛰어난 장군의 모습

그러니까 생각하기에 따라 다를 수는 있지만 저런 장군님이 점을 볼 것 같지는 않은데, 『난중일기』에는 이순신 장군이 점을 치는 내용이 꽤 나온다.

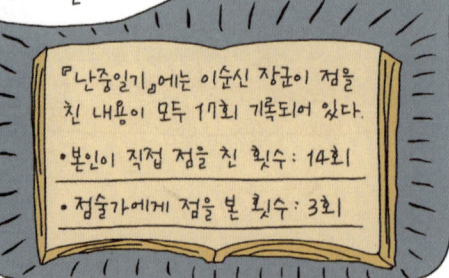

『난중일기』에는 이순신 장군이 점을 친 내용이 모두 17회 기록되어 있다.
- 본인이 직접 점을 친 횟수: 14회
- 점술가에게 점을 본 횟수: 3회

『난중일기』는 대한민국 국보 제76호로 지정되어 있고, 2013년에는 유네스코 세계기록유산에 등재되었다.

모든 인류의 귀중한 자산인 기록유산이 다음 세대로 전달될 수 있도록 보존하고 보호하는 유네스코 세계기록유산.

당시 동아시아의 전쟁을 둘러싼 시대의 역사를 담았을 뿐 아니라, 전쟁 속 한 개인의 세밀한 기록이라는 면에서도 가치가 높기 때문.

전란 중 최고 지휘관이 직접 전쟁 상황을 자세히 기록한 세계 역사상 유례없는 사례

간결하면서도 유려한 문장, 높은 문학적 가치

임진왜란 당시의 해전에 대해 기록한 거의 유일한 자료

한 예로 『난중일기』에서 이순신은 막내아들의 전사 소식을 듣고 이렇게 통곡한다.

"내가 죽고 네가 살아야 올바른 이치인데, 네가 죽고 내가 살다니 이 무슨 괴이한 이치냐."

> 같은 전쟁, 다른 작품

이제, 시간과 공간을 지난 20세기 서양에서 벌어진 제1차 세계대전으로 옮겨 보자.

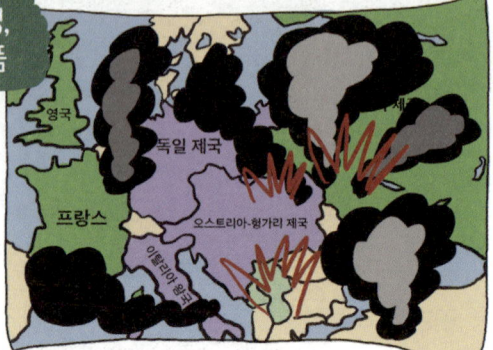

제1차 세계대전은 이름대로 최초의 세계대전으로 무수히 많은 군인과 민간인 사상자가 발생한 전쟁인데, 이 무자비한 전쟁의 포화 속에서도 위대한 문학작품은 여럿 탄생했다.

그중에서도 유명한 소설인 레마르크의 『서부전선 이상 없다』와 이보다는 덜 유명하지만 역사적으로 중요한 소설인 윙거의 『강철 폭풍 속에서』는 흥미로운 대조를 이룬다.

『서부전선 이상 없다』 초판 표지 / 『강철 폭풍 속에서』 초판 표지

둘 다 독일 참전용사가 쓴 소설로 둘 모두 제1차 세계대전을 다룬 작품이지만 작품의 성격은 꽤나 다르다.

뭐가 어떻게 다르다는 거지?

|전쟁의 불길 속에서 탄생한 작품들|

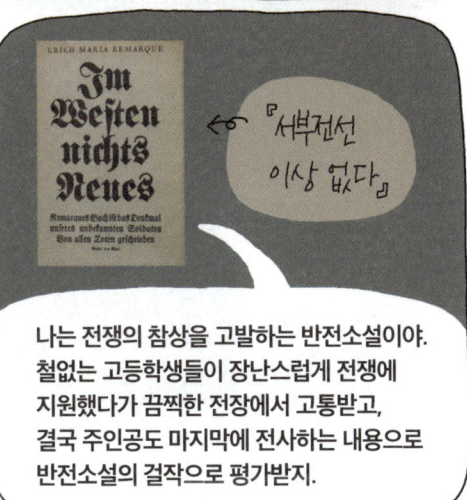

← 『서부전선 이상 없다』

나는 전쟁의 참상을 고발하는 반전소설이야. 철없는 고등학생들이 장난스럽게 전쟁에 지원했다가 끔찍한 전장에서 고통받고, 결국 주인공도 마지막에 전사하는 내용으로 반전소설의 걸작으로 평가받지.

나는 전쟁에서도 굴하지 않는 인간의 의지와 용기를 담아낸 작품이야. 작가의 실제 참전 일기를 바탕으로 한 자전적 소설로 전쟁의 현실을 생생히 그려낼 뿐 전쟁을 부정하지도 긍정하지도 않지.

『강철 폭풍 속에서』 →

"아, 그렇구나…. 책 내용에 대해서는 간략하게나마 알았으니 이제 작가들을 만나볼까?"

작가분들, 나와 주세요.

"안녕하세요? 『서부전선 이상 없다』를 쓴 레마르크입니다."

Erich Maria Remarque

에리히 마리아 레마르크(1898~1970)
독일의 소설가로 제1차 세계대전에 참전한 경험을 바탕으로 쓴 소설 『서부전선 이상 없다』로 우리에게 잘 알려져 있으며 다른 작품 『개선문』도 유명하다. 작품 대부분이 우울하고 문체가 건조한 특징이 있다.

"사실 저는 전쟁 후반에 징집됐어요. 그리고 전선에 투입된 지 한 달만에 중상을 입고 후송되어 병원에서 줄곧 치료를 받았죠. 그리고 회복한 후에 다시 전투에 나서려는데, 전쟁이 끝나고 만 거예요. 더 열심히 싸우려고 했는데…"

거참… 쩝!

• 작품 소개 •

서부 전선 이상 없다
Im Westen nichts Neues

1929년에 출간된 레마르크의 반전 소설로, 1차 세계대전의 참혹한 현실을 그렸다. 작가는 주인공 파울 보이머를 통해 전쟁의 비인간성과 무의미함을 탐구한다.

십대 후반의 학생 파울은 애국심을 고취하는 학교 교사의 연설에 감동해 급우들과 함께 자원입대한다. 그러나 전장의 현실은 예상과 완전히 달랐다. 참호 속에서 끊임없이 적의 공격을 받아야 했고, 배고픔과 추위와 싸우고, 전우들의 참혹한 죽음을 목격해야 했다. 전쟁이 길어지면서 파울은 이전의 순수했던 모습을 잃어가고, 청춘의 열정과 인간성을 빼앗긴 채 결국 전쟁 막바지에 전사한다.

레마르크는 후송 병원에서 지내며 환자들한테서 들은 이야기를 바탕으로 이 작품을 집필했다. 전쟁의 참화 속에서 인생의 의미와 인간의 존엄성을 진지하게 성찰하는 이 작품은 출간 직후 세계적으로도 큰 반향을 일으켰으며 오늘날까지도 반전 문학의 고전으로 평가받는다.

• 작품 소개 •

강철 폭풍 속에서
In Stahlgewittern

에른스트 윙거가 1920년에 발표한 장편소설로, 제1차 세계대전에 참전한 저자의 체험이 녹아 있다. 윙거는 십대 후반의 나이에 입대하여 최전선에서 몇 년 동안 직접 전투에 참여하면서 전장의 현실을 틈틈이 일기에 담았다. 『강철 폭풍 속에서』는 그 일기를 바탕으로 쓴 소설이다. 한 독일 군인이 서부 전선의 처절했던 전투를 회고하는 형식의 이 소설은 전장의 현실을 매우 무미건조하고 객관적으로 묘사한다. 작가는 개인의 감정을 배제한 채 피비린내 나는 전장의 현실을 최대한 있는 그대로 담아낸다. 작품은 전쟁 찬미나 영웅적 서술과는 거리가 멀며, 오히려 처절한 생존의 현장에서도 굽히지 않는 인간의 존엄성과 강한 의지를 표현하는 데 초점을 맞춘다.

『강철 폭풍 속에서』는 레마르크의 『서부 전선 이상 없다』와 함께 제1차 세계대전을 소재로 삼은 대표 문학 작품으로 꼽힌다. 특히 『강철 폭풍 속에서』는 반전 문학이 아닌 전쟁 문학의 걸작으로 평가받으며, 문학에서 전쟁을 다루는 또 다른 시각을 제시한다.

21
이 책을 읽으면 죽는다

이 보석을 가지면 죽는다

엄청나게 큰 45.5캐럿짜리 푸른색 다이아몬드인 호프 다이아몬드. 한때 소유주였던 토마스 호프의 이름을 딴 보석이다.

Thomas Hope

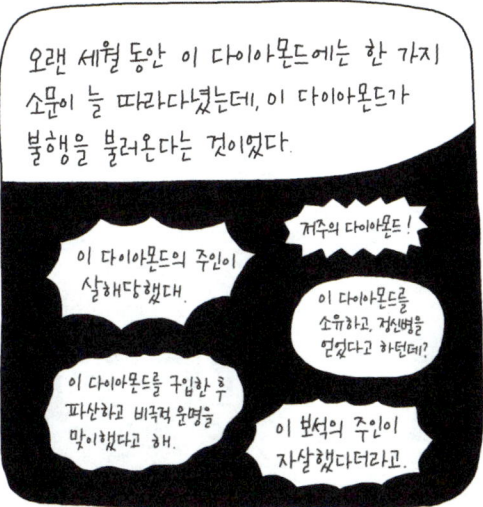

오랜 세월 동안 이 다이아몬드에는 한 가지 소문이 늘 따라다녔는데, 이 다이아몬드가 불행을 불러온다는 것이었다.

이 다이아몬드의 주인이 살해당했대.

저주의 다이아몬드!

이 다이아몬드를 소유하고 정신병을 얻었다고 하던데?

이 다이아몬드를 구입한 후 파산하고 비극적 운명을 맞이했다고 해.

이 보석의 주인이 자살했다더라고.

프랑스혁명의 여파로 1793년, 단두대에서 처형당한 루이 16세와 왕비 마리 앙투아네트도 한때 이 다이아몬드를 소유했다.

윌리엄 해밀턴, 〈처형장으로 끌려가는 마리 앙투아네트〉, 1794

하지만 이런 소문은 우연의 일치이거나 그저 소문일 뿐, 이 다이아몬드가 죽음을 몰고 온다는 증거는 그 어디에도 없다.

내가 정말 억울해서…

증거 있어? 증거 있냐고.

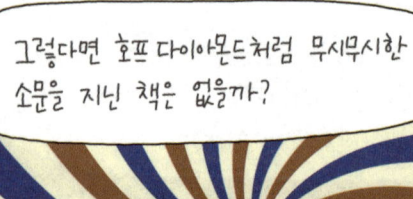

읽으면 죽는 책

바로, 우리에게 '퀴리 부인'으로 알려진 마리 퀴리의 〈연구 일지〉다.

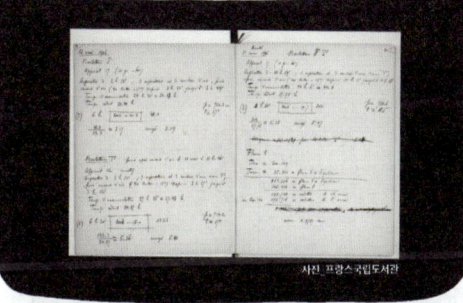

사진 프랑스국립도서관

| 이 책을 읽으면 죽는다 |

그런데 왜 이 책을
읽으면 죽는 것일까?

퀴리 부인은 백여 년 전, 아직 방사능의 위험을 모르는 시대에 방사능을 마구 쬐며 라듐을 연구했는데, 바로 이 노트가 그 과정을 담은 연구일지이기 때문!

마리 퀴리(1867~1934)

폴란드계 프랑스인 물리학자, 화학자. 라듐과 폴로늄을 발견한 공로로 1903년 노벨화학상을 받았다. 방사능 연구로 방사능에 피폭되어 악성 빈혈 등으로 몹시 고생하다 사망했다.

이 연구 일지를 포함해 당시 퀴리 부인이 소장했던 옷과 가구 등은 지금도 방사능에 오염되어 있는데,

〈연구일지〉는 납으로 된 상자에 넣어져 프랑스 국립도서관에 보관되어 있다. 이 책을 보고 싶다면 방사능 차단 특수 복장을 착용한 상태로만 열람이 가능하다고.

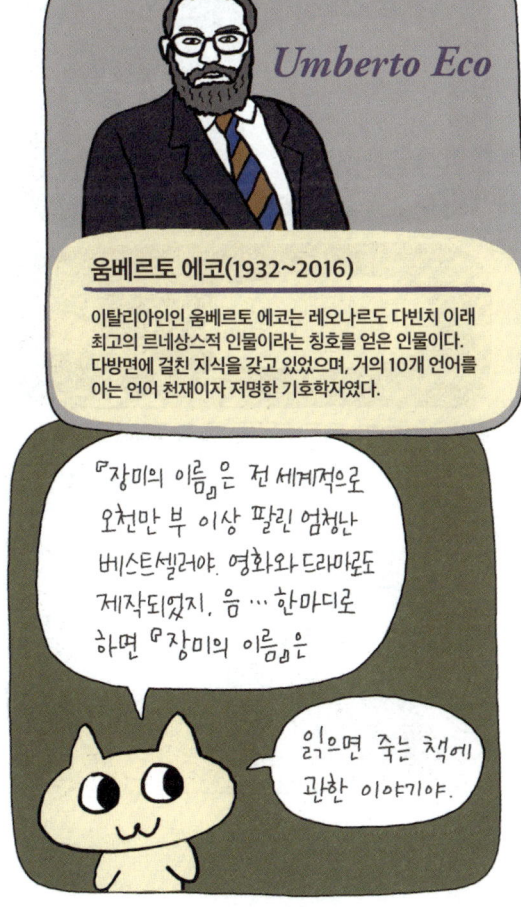

• 작가와 작품 소개 •

시학 Poetics

아리스토텔레스가 남긴 서구 문명 최초의 문학 이론서다. 이 책에서 아리스토텔레스는 서사시, 비극, 희극 등의 문학 장르를 분석하고, 특히 비극에 초점을 맞추어 그 구조와 효과를 설명했다. 『시학』의 주요 개념은 다음과 같다.

- 미메시스(모방) 이론: 예술은 현실을 모방한다는 개념
- 플롯의 중요성: 사건의 유기적 구성이 중요하다는 주장
- 카타르시스: 비극적인 갈등 해소를 통한 감정의 정화 작용

이 책이 서양 문학이나 예술에 끼친 영향은 매우 컸다. 특히 플롯의 중요성과 구성의 원리에 대한 아리스토텔레스의 통찰은 오늘날 영화 시나리오 작법에도 많은 영향을 끼치고 있다. 주인공의 삶이 행복에서 불행으로 급격히 바뀌는 전환(페리페테이아), 감추었던 신분이 밝혀지는 것처럼 등장인물이 갑자기 중요한 사실을 깨닫거나 인식하게 되는 순간을 가리키는 인지(아나그노리시스)와 같은 개념들은 현대 스토리텔링의 기본 원리가 되었다. 또 카타르시스 개념은 예술의 심리적, 사회적 기능을 설명하는 중요한 이론적 토대를 제공했다.

• 작가와 작품 소개 •

움베르토 에코

이탈리아 출신의 움베르토 에코는 중세학자, 기호학자, 소설가로서 학문과 문학 양면에서 뛰어난 성취를 이룬 지성인이다. 토리노대학교에서 중세철학으로 박사학위를 받은 에코는 볼로냐대학교 교수로 재직하며 기호학 연구에 매진했고, 『열린 예술작품』, 『기호학 이론』 등의 학술서를 집필했다. 기호학을 문화 전반을 해석하는 도구로 발전시켰으며, 대중문화에 대한 진지한 학문적 분석을 시도하는 한편 1980년 장편소설 『장미의 이름』을 발표하면서 소설가로서 세계적 명성을 얻었다. 14세기 수도원을 배경으로 한 이 소설은 중세사, 신학, 기호학 지식을 풍성하게 담아낸 지적 탐험으로 세계적인 베스트셀러가 되었다.

에코는 이 밖에도 『푸코의 진자』 등의 소설을 비롯해 『논문 잘 쓰는 방법』, 『세상의 바보들에게 웃으면서 화내는 방법』 등 다양한 저술을 남겼다. 에코는 기호학, 철학, 역사학, 미학 등 다방면의 전문지식뿐만 아니라, 프랑스어, 독일어, 라틴어, 그리스어 등 여러 언어에 능통한 언어의 천재이기도 했다. 이런 까닭에 움베르토 에코는 레오나르도 다 빈치 이래 최고의 르네상스적 인물로 통한다.

22
유명한 신조어를 탄생시킨 책들

하지만 실제 "프리랜서"라는 말이 최초로 사용된 곳은 토머스 N. 브라운이 1809년에 쓴 『휴 밀러의 삶과 시대』라고.

진짜 원조

그런데 흥미롭게도 프리랜서를 뜻하는 영단어 freelancer 또는 free lance를 파헤쳐 보면 의미심장한 진실이 드러난다.

설마...

마침내 진실이 드러났다고!

'자유로운 창'이라는 뜻의 free lance는 용병이 특정 군대에 속하지 않고서, 제일 몸값을 높게 쳐주는 주인 편에 서서 노동(전투 참가)과 무기를 제공한다는 의미.

| 유명한 신조어를 탄생시킨 책들 |

『아이반호』 속 용병, 작자 미상.

그런데 왜 '유토피아' 타령이냐고? 그렇다! 이상향을 뜻하는 유토피아도 영국의 법률가이자 정치가인 토머스 모어가 『유토피아』라는 소설에서 처음으로 사용한 것이다.

『유토피아』 초판(1516년) 표지

유토피아… 좋게만 들리는 이 말을 뜯어보면, 우리의 가슴을 비수처럼 찌르는 무언가가 있다는 걸 알게 되는데…

'유토피아'라는 말에 뭔가 있나 본데…

| 유명한 신조어를 탄생시킨 책들 |

유토피아(utopia)라는 단어는 그리스어에서 왔는데, utopia에서 u는 no를 의미하고 topia는 place를 뜻한다.

따라서 utopia는 세상에 존재하지 않는 곳이라는 뜻을 내포하고 있다.

그러니까 토마스 무어는 '유토피아'라는 제목을 통해서 사실, 책 내용과 같은 이상향이란 세상에 없다고 말하는 셈이네….

그런데 좀 이상하지 않아? 토마스 모어는 '세상에 존재하지 않는 곳'이라는 뜻으로 '유토피아'를 사용했잖아.

어? 그런데 왜 우리는 유토피아를 '이상향'이라는 뜻으로 사용하는 거지?

우리가 원래 뜻과는 달리 유토피아를 '이상향'이라고 알고 있는 데는 이유가 있다.

사람들이 utopia의 'u'를 '좋은'이라는 뜻의 그리스어 'eu'와 혼동하는 바람에 utopia(세상에 없는 곳)가 eutopia(좋은 곳, 이상향)로 여겨지게 된 것!

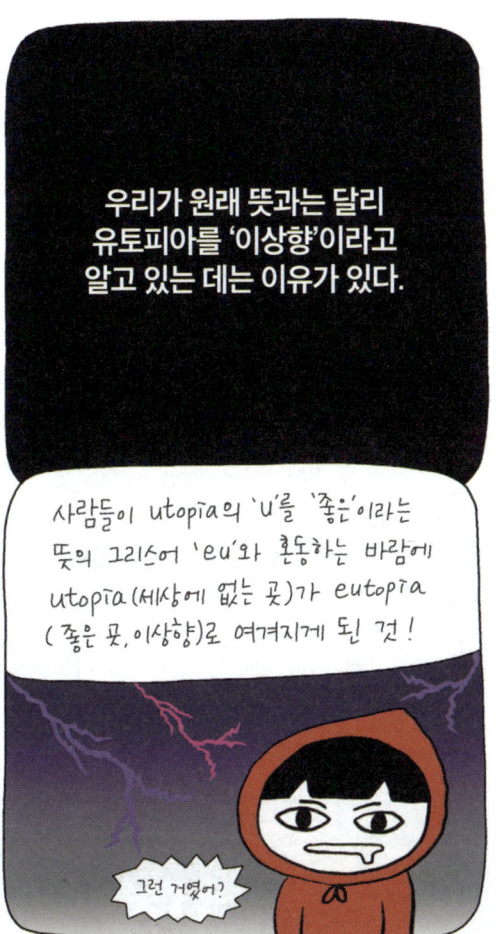

그런 거였어?

|유명한 신조어를 탄생시킨 책들|

게다가 u를 "좋은"이라는 뜻으로 여기는 바람에 19세기 중반에는 유토피아의 반대말로 '디스토피아' 즉 '나쁜 곳'이라는 말도 생겨났고, 미래를 불안하게 그린 문학 작품을 가리켜 '디스토피아적 세계관'의 작품이라고 부르게 되었다.

디스토피아 소설의 대표작
조지 오웰의 『1984』

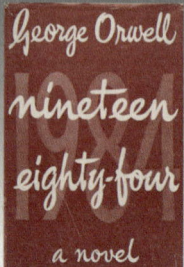

『1984』 초판(1949년) 표지

로봇

그래, 뭐… 완벽한 이상향은 없다 쳐. 있을 리가 있나…. 그래도 로봇이 사람 대신 일하고 사람은 좀 놀면서 살 수는 없을까?

로봇이 일도 좀 대신 해주고…

주절주절

…

?

헉, 설마 로봇이란 단어도?

그렇다!!!

오늘날 사용되는 '로봇'이라는 단어는 카렐 차페크의 희곡 『로숨의 유니버설 로봇』에 나오는 신조어다.

『로숨의 유니버설 로봇』 초판(1920년) 표지

'로봇(robot)'은 robota라는 체코어에서 왔다는데, 이는 '강요된 노동'이라는 뜻이라고.

아… 카렐 차페크가 체코 작가라서 체코어로 지은 거로군.

|유명한 신조어를 탄생시킨 책들|

Karel Capek

카렐 차페크(1890~1938)

카프카, 쿤데라와 함께 체코 문학을 빛낸 작가. 일곱 차례나 노벨문학상 후보로 거론됐지만, 나치 독일에 저항하는 정치 성향 때문에 끝내 수상하지 못했다. 대표작으로 『절대성의 공장』, 형인 요세프 차페크와 함께 쓴 희곡 『R.U.R』 등이 있다.

'로봇'이라는 말이 『로숨의 유니버셜 로봇』에서 최초로 등장하긴 하지만, 이 작품 속의 로봇은 유기체여서 금속 재질로 된 오늘날의 로봇과는 다르다.

로봇을 기계장치가 아니라 유기체로 설정한 까닭은 작가가 당시 열악한 환경에 처한 수많은 노동자를 옹호하기 위해서인 것 같아.

『로숨의 유니버셜 로봇』에서 인간들은 힘든 일을 대신 시키려고 로봇을 만들어냈지만, 결국 로봇들의 반란으로 인류는 멸망하고 만다.

연극 〈로숨의 유니버셜 로봇〉에서 로봇들이 반란을 일으키는 장면

아니, 사람이 제 손으로 일하면 생고생하다 죽고, 로봇한테 맡기면 반란으로 죽고…

뭘 어쩌라는 거냐고~

|유명한 신조어를 탄생시킨 책들|

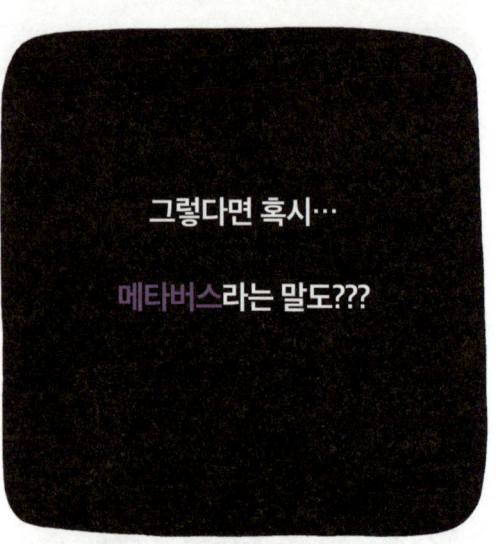

이 책에서 메타버스는 인간들이 아바타를 이용해서 생활하는 어떤 "세계"로 그려진다.

『스노 크래시』 영어판 표지

—유명한 신조어를 탄생시킨 책들—

참고로 VR(가상현실, Virtual Reality)은 기술적 측면이 강한 개념이며 AR(증강현실, Augmented Reality)이나 XR(확장현실, eXtended Reality)도 넓게 보면 VR 개념 안에 포함된다고 볼 수 있어요.

지금 세계에 유행하는 단어들이 원래부터 있는 게 아니라 작가가 책에서 만들어낸 것이 많네. 그런데 메타버스 세상이 온다 어쩐다 하니까, 책이나 도서관도 미래엔 개념이 바뀔 것 같아.

맞아.

363

• 작품 소개 •

아이반호 Ivanho

영국 작가 월터 스콧이 1819년에 발표한 역사소설이다. 12세기 영국을 배경으로 십자군 전쟁에서 돌아온 기사 아이반호의 모험을 그린 작품으로, 중세 기사도 정신과 로맨스를 결합해 큰 인기를 얻었다. 중세 영국의 노르만인과 앵글로색슨인 사이의 갈등, 기사도 정신, 그리고 로빈 후드와 같은 전설적 인물들이 소설의 내용을 이룬다. 월터 스콧은 이 작품으로 역사소설이라는 새로운 장르를 개척했다.

유토피아 Utopia

영국의 정치인이자 사상가인 토머스 모어가 1516년에 발표한 정치 우화 소설이다. 토머스 모어는 유토피아라는 가상의 섬나라를 통해 당시 영국 사회를 비판하고 이상적인 사회의 모습을 제시한다. 이 나라에서는 사유재산이 없고, 모든 것이 공유되며, 종교의 자유가 보장된다. 시민들은 적은 시간 일하고 나머지 시간은 교육과 여가 활동에 사용한다. 『유토피아』는 이후 수많은 이상 사회 문학의 원형이 된 작품이다.

• 작품 소개 •

1984

🧑 영국의 소설가 조지 오웰이 1949년에 발표한 소설로 전체주의의 폭력성을 경고하는 디스토피아적 작품이다. 오세아니아라는 가공의 초국가적 전체주의 사회를 배경으로 하며, 여기서는 '빅 브러더'라는 독재자가 모든 것을 감시하고 통제한다. 또 세계는 거대한 초국가들로 분화되어 있고, 이들은 영구적인 전쟁 상태에 있다. 개인의 자유와 사고는 철저히 억압된다. 주인공 윈스턴 스미스는 한때 영국이라 불렸던 지역에 사는 하급 당원으로, 집에서도 24시간 작동하는 텔레스크린에 감시당한다. 윈스턴 스미스는 한 여성을 사랑하게 되고 저항의 뜻도 품어보지만 결국 실패하고 만다. 작품 속에 등장한 '빅 브러더'나 '사상경찰' 같은 개념은 기술에 의한 개인 통제가 가능한 현대 사회를 상징하는 용어가 되었다.

스노 크래시 Snow Crash

🧑 미국 작가 닐 스티븐슨이 1992년에 발표한 사이버펑크 SF의 걸작이다. 현실과 가상을 오가는 이야기를 통해 현대 디지털 문명의 새로운 위험을 경고한다. 21세기 미국 로스앤젤레스에 사는 주인공 히로는 해커이자 피자 배달부다. 그는 가상 세계인 메타버스 속의 신종 마약 '스노 크래시'가 현실 세계 사용자의 뇌에 치명적인 손상을 가한다는 사실을 알고서 스노 크래시의 실체를 추적한다. 이 작품에서 '메타버스'라는 용어를 처음 사용한 것으로 알려져 있다.